Fotos: Pierre-Louis Viel

KUCHEN!

VALÉRY DROUET & PIERRE-LOUIS VIEL

[MACARONS, ECLAIRS, TARTES & CO]

h.f.ullmann

INHALTSVERZEICHNIS

≫ **Sandteig und Brandteig** — 9
≫ **Cremes und Baisers** — 12
≫ **Karamell** — 15
≫ **Saucen und Coulis** — 18

GROSSE KUCHEN!

≫ Fondant mit karamellisierten Äpfeln — 22
≫ Pavlova mit roten Beeren — 24
≫ Charlotte au chocolat — 26
≫ Tropézienne — 28
≫ Tiramisu mit Mürbeplätzchen und Karamell — 31
≫ Gâteau croquant mit Baiserfüllung und weißer Schokolade — 32
≫ Charlotte mit Passionsfrucht — 34
≫ Gestürzter Himbeerkuchen — 36
≫ Dacquoise au café — 38
≫ Rhabarberkuchen mit braunem Zucker — 41
≫ Flan pâtissier — 42
≫ Baskischer Kirschkuchen — 44
≫ Orangen-Savarin — 46
≫ Cremetorte aus dreierlei Schokolade — 49
≫ Fondant-Kuchen mit Nüssen — 50
≫ Ananas-Karamell-Kuchen — 53
≫ Aprikosen-Mandel-Auflauf — 54
≫ Aprikosen-Cheesecake — 56

KLEINE KUCHEN UND LECKEREIEN!

≫ Blätterteigschnittchen mit Vanillecreme — 60
≫ Schokoladen-Haselnuss-Eclairs — 62
≫ Paris-Brest — 64
≫ Macarons mit Pfirsichen und weißer Schokolade — 66
≫ Religieuses mit Pistaziencreme — 68
≫ Puits d'amour — 70
≫ Mandelbiskuits mit Pistazien, Himbeeren und Kakao — 72
≫ Bunte Mini-Muffins — 74
≫ Cannelés — 77
≫ Madeleines mit Zitrone, Kaffee und grünem Tee — 78
≫ Nougat-Cookies — 80
≫ Amaretti — 82
≫ Biskuitkuchen mit Blaubeeren — 85
≫ Fondant-Cake mit kandierten Früchten — 86
≫ Schokoladen-Orangen-Kuchen — 88
≫ Karottenkuchen mit Nüssen und Safran — 90
≫ Zitronen-Himbeer-Kuchen — 92
≫ Eischwerkuchen mit Amarenakirschen — 94
≫ Mandel-Brownie — 97

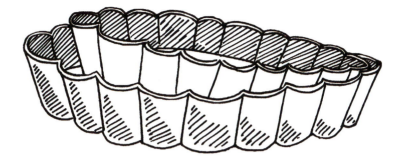

KUCHEN FÜR FESTE!

- Baisertorte mit Passionsfrucht und Waldbeeren — 100
- Bûche marquise mit Schokolade — 102
- Krokant-Pyramide — 104
- Galette mit kandierten Äpfeln — 106
- Himbeertorte mit Rosenwasser — 108
- Nougat glacé mit Pistazien — 110
- Schokoladentorte — 112
- Bûche aux agrumes mit weißer Schokolade — 115

TARTES!

- Große Mandel-Tarte mit Kirschen — 118
- Schokoladen-Tarte mit gebrannten Mandeln — 120
- Limetten-Tartelettes mit Rosenbaisers — 123
- Riemchen-Tarte mit Haselnüssen und Feigen — 124
- Köstliche Erdbeer-Tarte — 126
- Karamell-Krokant-Tarte — 129
- Tartelettes mit Crème brûlée und Himbeeren — 130
- Zart schmelzende Tarte Tatin — 132
- Elsässische Kirsch-Tarte — 134
- Rhabarber-Crumble-Tarte — 137

SANDTEIG

ZUBEREITUNGSZEIT: **10 Min.**
RUHEZEIT: **7 Std.**

ZUTATEN

Für ca. 500 g Teig
- 150 g weiche Butter
- 150 g Zucker
- 1 Ei + 1 Eigelb
- 280 g Mehl
- einige Tropfen Vanille- oder Orangenaroma

❯ Butter und Zucker in einer Schüssel mischen. Ei und Eigelb hinzufügen, danach das Mehl sowie das gewählte Aroma. Das Ganze zu einem groben Teig verkneten.

❯ Den Teig auf einer mit Mehl bestäubten Arbeitsfläche verteilen und mit dem Handballen flach drücken; dadurch wird der Teig schön glatt. Den Teig zu einer Kugel formen und mit Frischhaltefolie umwickeln. 6 Stunden ruhen lassen. Den Teig 20 Minuten vor Weiterverwendung aus der Folie nehmen.

❯ Den Teig in die Form füllen, dann diese 20 Minuten kalt stellen, bevor sie in den Ofen kommt. Durch den Kontrast zwischen Kälte und Hitze haftet der Teig besser an den Wänden der Form, vor allem, wenn er gut durchgebacken wird.

BRANDTEIG

ZUBEREITUNGSZEIT: **20 Min.**
BACKZEIT: **30 Min.**

ZUTATEN

Für 6 Personen
- 100 ml Milch
- 100 ml Wasser
- 15 g Zucker
- 1 Prise Salz
- 100 g Butter
- 120 g gesiebtes Mehl
- 4 Eier

❯ Den Backofen auf 180 °C vorheizen. Milch und Wasser in einen Topf geben. Zucker, Salz und Butter (in kleinen Stücken) hinzufügen. Das Ganze zum Kochen bringen. Den Topf von der Platte nehmen, das Mehl einstreuen und mit einem Holzspatel unterheben. Den Topf wieder auf den Herd stellen und den Teig bei mittlerer Hitze 4–5 Minuten abbrennen, dabei mit dem Spatel rühren, bis sich eine Kugel bildet. Den Teig in eine Schüssel geben und abkühlen lassen. Danach die Eier nacheinander unter kräftigem Rühren hinzugeben.

❯ Den Teig auf einem mit Back- oder Silikonpapier ausgelegten Backblech entsprechend dem jeweiligen Rezept verteilen. 30–35 Minuten backen, dabei die Ofentür 5 Minuten vor Ende der Backzeit halb öffnen, um die Hitze entweichen zu lassen.

❯ Die Teiglinge herausnehmen und vor dem Garnieren auf einem Rost abkühlen lassen.

CREMES UND BAISERS

Buttercreme

Konditorcreme

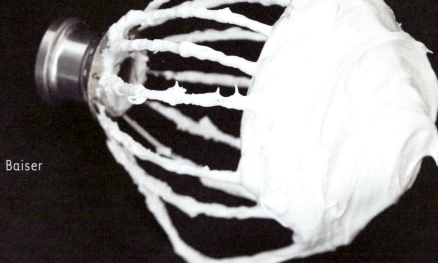

Baiser

BUTTERCREME

50 g Zucker und 50 ml Wasser bei 125–130 °C in einem Topf erhitzen, sodass ein dicker Zuckersirup ohne Färbung entsteht (am besten ein Backthermometer verwenden). 2 Eiweiß zu festem Eischnee schlagen und mit einer Prise Salz bestreuen, dann den lauwarmen Zuckersirup darübergießen. Die Eiweiß weiter verrühren, bis sie komplett erstarrt sind. Ein Aroma nach Wahl (Kaffee, Krokant …) mit 100 ml Crème anglaise vermischen und diese dann in die Baisermasse einrühren. Zum Schluss 150 g weiche Butter hinzufügen und unterheben.

BAISER

5 Eiweiß zu festem Eischnee schlagen und mit einer Prise Salz bestreuen. 170 g Zucker einstreuen, dabei die Eiweiß 3 Minuten lang auf höchster Stufe weiter verrühren. Das Rührgerät ein wenig herunterschalten, 170 g Puderzucker einstreuen und weitere 5 Minuten rühren. Die Baisermasse auf einem mit Back- oder Silikonpapier ausgelegten Backblech nach Wunsch verteilen, dann 1–1$^{1}/_{2}$ Stunden in einem auf 110 °C vorgeheizten Ofen backen. Die Baisers herausnehmen und mindestens 3 Stunden bei Zimmertemperatur ruhen lassen.

LEICHTE KONDITORCREME

1 große Vanilleschote halbieren und das Mark mit einem Messer herauskratzen. 600 ml Milch mit dem Vanillemark in einem Topf zum Kochen bringen. 2 Eier und 2 Eigelbe mit 105 g Zucker in einer Schüssel schaumig verquirlen. 45 g Speisestärke hinzufügen und mit einem Handmixer unterheben. Die kochend heiße Vanillemilch darübergießen und verrühren. Das Ganze zurück in den Topf geben und 3 Minuten unter Rühren aufkochen. Die Creme in eine Schüssel füllen und sofort mit Frischhaltefolie abdecken, damit sich keine Haut bildet. Bei Zimmertemperatur abkühlen lassen. 200 g Sahne schlagen und in die Konditorcreme einrühren. Zügig verbrauchen.

VANILLESAHNE

350 ml flüssige Schlagsahne mit 50 ml Milch in einer tiefen Schüssel vermischen und bei 3–4 °C für 2 Stunden in den Kühlschrank stellen. 1 Vanilleschote halbieren und das Mark mit einem Messer herauskratzen. Das Vanillemark zu der abgekühlten Milch-Sahne-Mischung geben und das Ganze mit einem Handmixer auf mittlerer Stufe verrühren. Wenn die Sahne beginnt, steif zu werden, 80 g gesiebten Puderzucker einstreuen. Dabei weiter rühren, bis die Sahne schön fest ist. (Dann jedoch schnell mit dem Schlagen aufhören, bevor sie sich in Butter verwandelt!)

KARAMELL

ZUTATEN

Für ca. 400 g Karamell

- 50 ml Wasser
- 360 g Zucker

》 Zucker und Wasser in einen Topf geben.

》 Bei mittlerer Hitze aufkochen, dabei regelmäßig mit einem zuvor angefeuchteten Pinsel über die Topfwand streichen: Dieser Kunstgriff verhindert, dass der Zucker sofort kristallisiert (dass sich an der Topfwand Kristalle bilden und in die Zuckermasse fallen.) Währenddessen den Karamell nicht mit einem Mixer oder einem anderen Gerät verrühren.

》 Wenn der Zucker zu kochen anfängt, weiterhin mit dem Pinsel an der Topfwand entlangfahren, bis Karamell entsteht. Sobald dieser die gewünschte Farbe angenommen hat, den Topf in kaltes Wasser stellen, um den Kochvorgang zu beenden.

》 Den Karamell zügig verbrauchen.

Für eine Karamellsauce nach dem Kochen 100-150 ml Wasser in den Topf geben und mit einem Spatel einrühren. Den Topf wieder auf den Herd stellen und die Flüssigkeit 30 Sekunden aufkochen lassen.

SAUCEN UND COULIS

Erdbeer-Coulis

Crème anglaise

Aprikosen-Coulis

Milchkaramell

Klassische Karamellsauce

Schokoladensauce

Die Saucen und Coulis sind für 6 Personen gedacht (ca. 400 ml) – als Garnierung und Ergänzung Ihrer Desserts.

ERDBEER-COULIS

Zum Garnieren von Pavlovas, Baisertorte mit weißer Schokolade, Charlotten, gestürztem Himbeerkuchen, Baisertorte mit Passionsfrucht und Waldbeeren, Himbeertorte und Nougat glacé.

》 250 g aromatische Erdbeeren waschen, entstielen und in Stücke schneiden. Zusammen mit 60 g Puderzucker und dem Saft einer halben Zitrone in einen Standmixer geben. 2 Minuten mixen. Die Coulis durch ein feines Sieb passieren. Im Kühlschrank verwahren.

APRIKOSEN-COULIS

Zum Garnieren von Cremetorte aus dreierlei Schokolade, Ananas-Karamell-Kuchen, Aprikosen-Clafoutis, Aprikosen-Cheesecake, Biskuitkuchen mit Blaubeeren, Bûche marquise mit Schokolade und Nougat glacé.

》 80 g Zucker und 100 ml Wasser in einen Topf geben und 5 Minuten aufkochen, bis ein Sirup entsteht. 180 g Aprikosen waschen, entsteinen und in Stücke schneiden. 8–10 Minuten im Sirup garen. Abtropfen und abkühlen lassen.

》 Die Aprikosen zusammen mit ein wenig Kochsirup und 50 ml Mandelsirup in einen Standmixer geben. 2 Minuten mixen. Die Coulis im Kühlschrank verwahren.

CRÈME ANGLAISE

Zum Garnieren von gestürztem Himbeerkuchen, Dacquoise, Cremetorte aus dreierlei Schokolade, Ananas-Karamell-Kuchen, Biskuitkuchen mit Blaubeeren und Bûche marquise mit Schokolade.

》 1 Vanilleschote halbieren und das Mark mit einem Messer herauskratzen. 500 ml Milch mit dem Vanillemark und der Schote in einem Topf zum Kochen bringen

》 In einer Schüssel 4 Eigelbe mit 125 g Zucker 3–4 Minuten schaumig verquirlen. Die kochend heiße Vanillemilch darübergießen und verrühren. Das Ganze in einen Kochtopf geben und 8–10 Minuten auf niedriger Stufe garen, dabei mit einem Holzspatel umrühren. (Die Creme nicht zum Kochen bringen.) Um zu prüfen, ob die Creme schon fertig ist, den Spatel herausnehmen und mit dem Finger darüberfahren: Die Creme muss am Spatel haften bleiben.

》 Die fertige Creme in eine Schüssel geben und diese in ein größeres, mit eiskaltem Wasser gefülltes Gefäß stellen, um den Garvorgang zu beenden. Die Creme so lange verrühren, bis sie komplett erstarrt ist. Die Vanilleschote in der Creme lassen, damit sie ihr Aroma noch etwas länger abgibt.

MILCHKARAMELL

Zum Garnieren von Charlotte au chocolat, Tiramisu, Millefeuilles und Bûche marquise mit Schokolade.

» 120 g Zucker und 50 ml Wasser in einem Topf zum Kochen bringen, sodass ein bräunlicher Karamell entsteht.

» Vom Herd nehmen und langsam 150 ml Sahne sowie 20 g Butter hinzufügen. Den Topf wieder auf den Herd stellen und die Mischung unter ständigem Rühren auf kleiner Flamme garen, bis sie glatt ist. 30 Sekunden kochen lassen. Die Mischung abkühlen lassen, während sie langsam eindickt. In eine Glasschüssel geben und im Kühlschrank verwahren.

KLASSISCHE KARAMELLSAUCE

Zum Garnieren von Fondant mit karamellisierten Äpfeln, Puits d'amour, Nougat glacé und Tarte Tatin.

» 100 g Zucker mit 50 ml Wasser und 10 Tropfen Zitronensaft in einem Topf zum Kochen bringen, sodass ein bräunlicher Karamell entsteht.

» Vom Herd nehmen und 100–150 ml Wasser hinzugießen (Vorsicht Spritzer!). Den Topf wieder auf den Herd stellen und die Mischung unter ständigem Rühren bei mittlerer Hitze garen, bis sie glatt ist (ein wenig Wasser hinzufügen, falls sie zu dickflüssig wird). 30 Sekunden kochen lassen. Abkühlen lassen, in ein Glasgefäß geben und bei Zimmertemperatur verwahren.

SCHOKOLADENSAUCE

Zum Garnieren von Charlotte au chocolat, Fondant-Kuchen mit Nüssen, Ananas-Karamell-Kuchen, Schokoladen-Orangen-Kuchen und Délice chocolat miroir.

» 160 g Zartbitterschokolade klein hacken und in eine Schüssel geben.

» In einem Topf 250 ml Milch mit einer Prise Zimt zum Kochen bringen. Die Milch über die Schokolade gießen und das Ganze 5 Minuten ruhen lassen.

» Die Mischung mit einem Handmixer verrühren, bis sie ganz glatt ist. Die Schokoladensauce im Wasserbad aufbewahren.

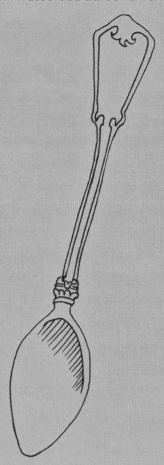

GROSSE KUCHEN!

FONDANT MIT KARAMELLISIERTEN ÄPFELN

ZUBEREITUNGSZEIT: **30 Min.**
BACKZEIT: **30 Min.**
KÜHLZEIT: **4 Std.**

ZUTATEN

Für 6 Personen

- 6 große Äpfel
  (Golden Delicious)
- 80 g Butter
- 200 g Zucker
- 50 ml Calvados
- 3 Eier + 2 Eigelb
- 1 Vanilleschote
- 200 ml Sahne
- 100 ml Milch

》 Den Backofen auf 210 °C vorheizen.

》 Die Äpfel schälen und vierteln.

》 Die Äpfel in einer Pfanne 5 Minuten bei starker Hitze in der Butter anbraten. 100 g Zucker einstreuen, gut untermischen und das Ganze 10 Minuten bei mittlerer Hitze garen. Dabei regelmäßig umrühren, bis die Äpfel karamellisiert sind. Den Calvados angießen, den Herd ausschalten und die Mischung abkühlen lassen.

》 Die Eier und die Eigelbe zusammen mit dem restlichen Zucker in einer Schüssel schaumig schlagen. Die Vanilleschote halbieren und das Mark über der Schüssel mit einem Messer herauskratzen. Die Sahne und die Milch hinzufügen.

》 Die karamellisierten Äpfel in eine beschichtete Backform geben. Die Eiermischung darübergießen und mit einem Löffel vorsichtig einrühren. In den Ofen schieben und 30 Minuten backen.

》 Den Kuchen aus dem Ofen nehmen und ganz auskühlen lassen. 4 Stunden in den Kühlschrank stellen.

》 30 Minuten vor dem Servieren die Backform auf der heißen Platte kurz anwärmen, dann den Kuchen aus der Form nehmen. Echte Genießer garnieren ihn mit Karamellsauce (siehe Rezept auf S. 19).

PAVLOVA MIT ROTEN BEEREN

ZUBEREITUNGSZEIT: 40 Min.
BACKZEIT: 1 Std. 30 Min.
RUHEZEIT: 3 Std.

ZUTATEN

Für 6 Personen

- 5 Eiweiß
- 1 Prise Salz
- 170 g Zucker
- 250 g gesiebter Puderzucker
  + 30 g zum Garnieren
- 350 ml sehr kalte Sahne
- 50 ml sehr kalte Milch
- 1 große Vanilleschote
- 200 g Himbeeren
- 200 g Erdbeeren
- 100 g Johannisbeeren
- 100 g Blaubeeren
- 200 g Brombeeren

❯ Den Backofen auf 110 °C vorheizen.

❯ Die Eiweiß zu festem Eischnee schlagen und das Salz hinzufügen. Mit dem Zucker bestreuen und 5 Minuten auf höchster Stufe weiterrühren. 170 g Puderzucker einstreuen und auf niedrigerer Stufe weitere 5 Minuten rühren.

❯ Ein Backblech mit Backpapier auslegen und einen Backring von etwa 22 cm Durchmesser darauf platzieren. Die Baisermasse in den Ring einfüllen, dann den Ring vorsichtig entfernen. In den Ofen schieben, 1½ Stunden backen.

❯ Die Baisertorte aus dem Ofen nehmen und mindestens 3 Stunden bei Zimmertemperatur ruhen lassen.

❯ Die Sahne, die Milch und das aus der Vanilleschote herausgekratzte Mark mit einem Handmixer verrühren. Sobald die Mischung aufwallt, den restlichen Puderzucker hinzufügen und weiterrühren, sodass feste Schlagsahne entsteht.

❯ Die Beeren kurz abspülen und wenn nötig entstielen.

❯ Die Sahne mithilfe eines Spritzbeutels mit Sterntülle auf die Baisertorte spritzen. Die Torte mit den Früchten garnieren und in den Kühlschrank stellen.

❯ Die Früchte vor dem Servieren mit Puderzucker bestreuen. Zur Torte eine Erdbeer-Coulis reichen (siehe Rezept auf S. 18).

TIPP

Statt eines Backrings kann auch eine mit Backpapier ausgelegte Springform verwendet werden.

Charlotte au chocolat

ZUBEREITUNGSZEIT: **30 Min.**
BACKZEIT: **3 Min.**
KÜHLZEIT: **6 Std.**

ZUTATEN

Für 6 Personen
- 200 g Zartbitterschokolade
- 50 ml brauner Rum
- 1 EL Puderzucker
- ca. 20 Löffelbiskuits
- 4 Eier
- 40 g weiche Butter
- 1 Prise Salz
- 150 g Milchkaramell
  (siehe Rezept auf S. 19)

》 Eine Kranzform mit Backpapier auslegen.

》 Die Schokolade hacken, im Wasserbad oder in der Mikrowelle schmelzen.

》 Den Rum, den Zucker und 100 ml Wasser in einem Suppenteller vermischen. Die Biskuits auf der Innenseite zu drei Vierteln mit Rum tränken.

》 Den Boden und die Wände der Backform vorsichtig mit den Biskuits auslegen.

》 Die Eier trennen. Die geschmolzene Schokolade mit einem Handmixer glatt rühren, dann die Butter stückchenweise hinzufügen. Unter leichtem Rühren die Eigelbe dazugeben.

》 Die Eiweiß zu festem Eischnee schlagen, das Salz einstreuen und das Ganze in die Schokoladenmischung einrühren.

》 Die Hälfte der Schokoladenmischung in die Form füllen. Mit drei Vierteln des Milchkaramells auffüllen und zwei in Rum getränkte Biskuits obenauf legen. Die übrige Schokoladenmischung einfüllen und mit den restlichen Biskuits garnieren. Mit dem Boden der Form leicht auf die Tischplatte tippen, damit sich alles gut setzt. Die Charlotte für 6 Stunden in den Kühlschrank stellen.

》 Vor dem Servieren die Form einige Sekunden durch sehr heißes Wasser ziehen, dann den Kuchen vorsichtig aus der Form nehmen. Die Charlotte mit dem restlichen Milchkaramell garnieren. Eine Crème anglaise dazu reichen (siehe Rezept auf S. 18).

TROPÉZIENNE

ZUBEREITUNGSZEIT: 1½ Std.
RUHEZEIT: 1 Std.
BACKZEIT: 30 Min.

ZUTATEN

Für 6 Personen

Für den Teig:
- 5 g Hefe
- 50 ml lauwarme Milch
- 280 g Mehl
- 1 Prise Salz
- 30 g Zucker
- 3 Eier
- 145 g weiche Butter
- abgeriebene Schale von
  1 unbehandelten Zitrone
- 60 g Hagelzucker

Für die Konditorcreme:
- 300 ml Milch
- 1 Ei + 1 Eigelb
- 70 g Zucker
- 30 g Speisestärke
- 150 ml flüssige Crème fraîche
- 2—3 Tropfen Orangenaroma

》 Für den Teig die Hefe in einem Glas mit der lauwarmen Milch verrühren. Das Mehl in die Rührschüssel einer Küchenmaschine mit Knethaken geben. Salz, Zucker, flüssige Hefemischung und Eier hinzufügen. Das Ganze auf niedriger Stufe 5 Minuten verrühren. Dann 125 g Butter in kleinen Stücken und die Zitronenschale in die Schüssel geben. 15—20 Minuten auf mittlerer Stufe verkneten, bis sich der Teig von den Rändern der Schüssel löst. Den Knethaken ausklinken. Den Teig in der Mitte der Schüssel zusammenballen, mit einem Geschirrtuch abdecken und etwa 30 Minuten bei Zimmertemperatur gehen lassen.

》 In der Zwischenzeit die Konditorcreme mit Orangenaroma zubereiten, dazu dem Rezept auf S. 12 folgen. Die Vanille weglassen und dafür zum Schluss das Orangenaroma hinzufügen. Die fertige Creme in den Kühlschrank stellen.

》 Wenn der Teig gut aufgegangen ist, auf eine mit Mehl bestäubte Arbeitsfläche legen und einen schönen runden Tortenboden von 25 cm Durchmesser und 3—4 cm Höhe formen. Den Tortenboden auf ein mit Backpapier ausgelegtes Backblech legen.

》 Die restliche Butter in einem Topf bei geringer Hitze schmelzen und die Teigoberfläche damit bepinseln.

》 Den Hagelzucker darüberstreuen. Den Teig noch einmal 20—30 Minuten bei Zimmertemperatur an einem zugluftgeschützten Ort aufgehen lassen.

》 Den Backofen auf 180 °C vorheizen. Den Kuchen darin 20 bis 25 Minuten backen. Auf einem Rost abkühlen lassen.

》 Den Kuchen in zwei Böden teilen und mit Konditorcreme füllen. Bis zum Servieren kühl stellen.

TIRAMISU MIT MÜRBE-PLÄTZCHEN UND KARAMELL

ZUBEREITUNGSZEIT: 30 Min.
KÜHLZEIT: 6 Std.

ZUTATEN

Für 6 Personen

- 220 g Mürbeplätzchen
- 1 Vanilleschote
- 400 g Mascarpone
- Saft von 1 Zitrone
- 4 Eier
- 160 g Zucker
- 1 Prise Salz
- 200 g Milchkaramell
  (siehe Rezept auf S. 19)

》 Die Mürbeplätzchen mit einem Mixer (oder einem Nudelholz) grob zerkleinern.

》 Die Vanilleschote halbieren und das Mark mit einem Messer herauskratzen. Das Mark in eine Schüssel geben. Den Mascarpone und den Zitronensaft hinzufügen. Das Ganze verrühren.

》 Die Eier trennen. Die Eigelbe zusammen mit dem Zucker in einem Gefäß schaumig schlagen und zur Mascarponemischung geben.

》 Die Eiweiß zu festem Eischnee schlagen, mit dem Salz bestreuen und vorsichtig mit einem Holzspatel in die Mascarponemasse einrühren.

》 Die Hälfte der Mischung in eine große Schüssel geben. Die Plätzchenkrümel darauf verteilen, dann mit drei Vierteln des Milchkaramells auffüllen. Die zweite Hälfte der Mischung darübergeben und den restlichen Karamell darauf verteilen. Mit der Rückseite eines großen Löffels ein Marmormuster auf die Oberfläche streichen. Das Tiramisu vor dem Verzehr 6 Stunden in den Kühlschrank stellen.

GÂTEAU CROQUANT MIT BAISERFÜLLUNG UND WEISSER SCHOKOLADE

ZUBEREITUNGSZEIT: **45 Min.**
BACKZEIT: **1 Std.**
KÜHLZEIT: **3 Std.**

ZUTATEN

Für 6 Personen
Für die Baisermasse:
- 3 Eiweiß
- 1 Prise Salz
- 105 g Zucker
- 105 g Puderzucker
- 5 Tropfen Vanillearoma

**Für die Creme und
die Garnierung:**
- 300 g weiße Schokolade
- 1 Vanilleschote
- 150 ml Crème anglaise
  (siehe Rezept auf S. 18)
- 350 ml sehr kalte Sahne

》 Den Backofen auf 110 °C vorheizen.

》 Für die Baisermasse die Eiweiß zu festem Eischnee schlagen und das Salz hinzufügen. Mit dem Zucker bestreuen und 3 Minuten auf mittlerer Stufe weiterrühren. Nach und nach den Puderzucker und das Vanillearoma hinzufügen und weitere 5 Minuten verrühren, bis die Baisermasse glänzt.

》 Mit einem mittelgroßen Teller als Schablone auf ein mit Backpapier ausgelegtes Backblech 2 Kreise in der Art von Ausstechformen zeichnen. Die beiden Kreise mithilfe eines Spritzbeutels mit Lochtülle ganz mit Baisermasse bedecken, dabei dicke Ränder formen. 1 Stunde im Ofen backen.

》 Unterdessen die Creme zubereiten: 200 g weiße Schokolade mit einem Messer zerkleinern. Im Wasserbad oder in der Mikrowelle schmelzen, dann mit einem Spatel glatt rühren. Die Vanilleschote halbieren. Das Mark mit einem Messer herauskratzen und in die geschmolzene Schokolade einrühren. Die Crème anglaise hinzufügen und ebenfalls einrühren. Abkühlen lassen.

》 Die flüssige Sahne steif schlagen, dann unter die Schokoladencreme ziehen. Das Ganze 1 Stunde in den Kühlschrank stellen.

》 Die Baisers aus dem Ofen nehmen und abkühlen lassen.

》 Mit einem Sparschäler die restliche Schokolade in Späne hobeln.

》 Mithilfe eines Spritzbeutels mit Sterntülle die Creme auf einem der beiden Baisers verteilen. Das andere Baiser umgedreht darüberlegen und mit den Schokoladenspänen garnieren. Den Kuchen 2 Stunden in den Kühlschrank stellen. Vor dem Verzehr mit einem scharfen Messer zerteilen.

CHARLOTTE MIT PASSIONSFRUCHT

ZUBEREITUNGSZEIT: **1 Std.**
BACKZEIT: **1 Std.**
KÜHLZEIT: **6 Std.**

ZUTATEN

Für 6 Personen

Für die Baisers:
- 2 Eiweiß
- 1 Prise Salz
- 55 g Zucker
- 55 g Puderzucker

Für die Passionsfruchtcreme:
- 1 frische, reife Mango
  (350–400 g)
- 3 große Passionsfrüchte
  + 2 weitere für die Garnierung
- 120 g Zucker
- 3 g Gelatine
- 400 ml sehr kalte Sahne

Noch mehr Sahne schlagen, um den Kuchen damit zu garnieren.

❯ Für die Baisermasse die Eiweiß zu festem Eischnee schlagen und das Salz hinzufügen. Mit dem Zucker bestreuen und 2 Minuten auf mittlerer Stufe weiterrühren. Den Puderzucker hinzufügen und weitere 5 Minuten rühren, bis die Baisermasse glänzt.

❯ Den Backofen auf 110 °C vorheizen. Auf ein mit Backpapier ausgelegtes Backblech die Baisermasse mithilfe eines Spritzbeutels mit Sterntülle in Form von langen Löffelbiskuits aufspritzen. 1 Stunde im Ofen backen. Abkühlen lassen.

❯ Für die Creme die Mango schälen und entsteinen. Das Fruchtfleisch im Mixer so pürieren, dass 250 g Mangopüree dabei herauskommen. Die Passionsfrüchte aushöhlen und den Saft sowie das Fruchtfleisch durch ein feines Sieb streichen, um die Kerne zurückzubehalten.

❯ Den Saft der Passionsfrüchte zusammen mit dem Mangopüree und dem Zucker in einen Topf geben und verrühren. Die Gelatine hinzufügen und 1 Minute unter Rühren aufkochen. Abkühlen lassen.

❯ Die flüssige Sahne steif schlagen und unter das Früchtepüree ziehen. Boden und Wände einer Kranzform mit den Baisers auslegen. Die Passionsfruchtcreme einfüllen. Das Ganze für 6 Stunden in den Kühlschrank stellen. Die Form ganz zum Schluss in heißes Wasser tauchen und die Charlotte vorsichtig herausnehmen.

❯ Die beiden zusätzlichen Passionsfrüchte öffnen, den Saft durch ein Sieb streichen und in die Mitte der Charlotte einfüllen. Sofort verzehren, am besten mit einer Coulis aus Passionsfrüchten.

GESTÜRZTER HIMBEERKUCHEN

ZUBEREITUNGSZEIT: **20 Min.**
BACKZEIT: **45 Min.**
RUHEZEIT: **30 Min.**

ZUTATEN

Für 6 Personen

- 125 g Butter + 20 g für die Form
- 180 g Zucker + 20 g für die Form
- 400 g frische Himbeeren
- 3 Eier
- 125 g Mehl
- 1 Päckchen Backpulver
- Saft und abgeriebene Schale
  von 1 unbehandelten Zitrone
- 1 Prise Salz

≫ Eine runde Backform mit Butter einfetten. Den Boden mit einem runden Stück Backpapier auslegen und mit 20 g Zucker bestreuen.

≫ Die Himbeeren auf den Boden der Form legen und mit 30 g Zucker bestreuen. Die Form für 20 Minuten in den Kühlschrank stellen.

≫ Den Backofen auf 180 °C vorheizen.

≫ Die Butter bei geringer Hitze in einem Topf schmelzen lassen.

≫ Die Eier trennen. Die Eigelbe mit dem restlichen Zucker in einer Schüssel schaumig schlagen. Mehl, Backpulver, Zitronensaft und -schale hinzufügen. Das Ganze vermischen, dann unter Rühren langsam die geschmolzene Butter einfüllen.

≫ Die Eiweiß zu festem Eischnee schlagen, das Salz hinzufügen und den Eischnee mit einem Spatel in die Backmischung einarbeiten. Dabei die Masse leicht anheben.

≫ Die Mischung über die Himbeeren geben. In den Ofen schieben und 45 Minuten backen. Den fertigen Kuchen etwa 30 Minuten bei Zimmertemperatur abkühlen lassen.

≫ Mit einem Messer an den Wänden der Form entlangfahren, dann den Kuchen vorsichtig auf einen Teller stürzen. Eine Coulis aus roten Früchten dazu reichen (siehe Rezept auf S. 18) — und für echte Genießer noch etwas Crème fraîche.

TIPP

Wenn Sie den Kuchen in einer 22-cm-Springform zubereiten, verringern Sie die Backzeit um 8–10 Minuten.

DACQUOISE AU CAFÉ

ZUBEREITUNGSZEIT: 40 Min.
RUHEZEIT: 15 Min.
BACKZEIT: 10 Min.

ZUTATEN

Für 6 Personen

Für den Biskuitteig:
- 150 g Puderzucker
- 140 g gemahlene Mandeln
- 50 g Zucker
- 5 Eiweiß
- 1 Prise Salz

Für die Kaffeecreme:
- 50 g Zucker
- 2 Eiweiß
- 1 Prise Salz
- 150 g weiche Butter
- 150 ml Crème anglaise
  (s. Rezept auf S. 18)
- 50 ml Kaffee-Extrakt

》 Für die Kaffeecreme den Zucker mit 50 ml Wasser bei starker Hitze (126–135 °C) zum Kochen bringen: Der Sirup muss dick, aber farblos sein.

》 Die Eiweiß zu festem Eischnee schlagen und das Salz hinzufügen. Den Eischnee über den leicht abgekühlten Sirup geben und mit einem Handmixer auf höchster Stufe einrühren, bis die Mischung vollständig erstarrt ist. Den Mixer ausschalten. Die sehr weiche Butter hinzufügen und verrühren. Die Crème anglaise und den Kaffee-Extrakt ebenfalls einrühren. Die fertige Creme in den Kühlschrank stellen.

》 Den Backofen auf 180 °C vorheizen.

》 Für den Biskuitteig den Puderzucker und die gemahlenen Mandeln durch ein feines Sieb in eine Schüssel geben. Mit dem Zucker vermischen. Die Eiweiß zu festem Eischnee schlagen und das Salz hinzufügen. Mit einem Spatel die Zucker-Mandel-Mischung unterheben.

》 Auf einem mit Back- oder Silikonpapier ausgelegten Backblech 2 große Teigkreise bilden. Dazu einen Spritzbeutel mit Lochtülle verwenden. Den Teig 15 Minuten bei Zimmertemperatur ruhen lassen.

》 Die Teigscheiben in den Ofen schieben und 10–12 Minuten backen. Abkühlen lassen.

》 Mithilfe eines Spritzbeutels mit Sterntülle 1 Teigscheibe mit Kaffeecreme garnieren. Die zweite Scheibe darüberlegen. Die Dacquoise bis zum Verzehr in den Kühlschrank stellen.

RHABARBERKUCHEN MIT BRAUNEM ZUCKER

ZUBEREITUNGSZEIT: 20 Min.
BACKZEIT: 1 Std.

ZUTATEN

Für 6 Personen

- 130 g Butter
  + 20 g für die Form
- 170 g brauner Zucker
  + 20 g für die Form
- 700 g Rhabarber
- 100 g gemahlene Mandeln
- 40 g Mehl
- 5 g Backpulver
- 2 Eier
- 100 ml Sahne

≫ Eine Backform (ca. 25 x 20 cm) mit Butter einfetten und mit Zucker bestreuen.

≫ Den Backofen auf 180 °C vorheizen.

≫ Den Rhabarber waschen, putzen und in kleine Stücke schneiden.

≫ 30 g Butter in einem Topf schmelzen. Den Rhabarber und 70 g Zucker hineingeben. 15 Minuten bei mittlerer Hitze köcheln lassen. Den Rhabarber abtropfen lassen, wenn er viel Wasser abgegeben hat.

≫ Die restliche weiche Butter und den restlichen Zucker in einer Schüssel vermischen. Gemahlene Mandeln, Mehl, Backpulver, Eier und Sahne hinzufügen. Den Rhabarber einrühren.

≫ Die Mischung in die Form geben. 45 Minuten im Ofen backen. Den Kuchen vor dem Verzehr abkühlen lassen.

FLAN PÂTISSIER

ZUBEREITUNGSZEIT: **20 Min.**
KÜHLZEIT: **20 Min.**
RUHEZEIT: **4 Std.**
BACKZEIT: **40 Min.**

ZUTATEN

Für 6 Personen
- 1 große Vanilleschote
- 500 ml Vollmilch
- 250 ml Sahne
- 5 Eigelb
- 125 g Zucker
- 50 g Speisestärke
- 250 g frischer oder
  tiefgefrorener Blätterteig
- 20 g Butter für die Form

》 Die Vanilleschote halbieren und das Mark mit einem Messer herauskratzen. Das Mark zusammen mit der Milch und der Sahne in einen Topf geben. Langsam zum Kochen bringen.

》 Die Eigelbe in einer Schüssel mit dem Zucker schaumig schlagen. Die Speisestärke hinzufügen und einrühren. Die kochende Milch-Sahne-Mischung einfüllen. Das Ganze zurück in den Topf geben und unter ständigem Rühren 3 Minuten bei mittlerer Hitze kochen lassen. Die fertige Creme in ein Gefäß füllen, mit Frischhaltefolie abdecken und abkühlen lassen.

》 Den Blätterteig auf der Arbeitsplatte 3 mm dick ausrollen. Eine Backform von 22 cm Durchmesser (oder einen Backring) mit Butter einfetten, dann mit Teig auslegen. Den Teig mit einer Gabel an mehreren Stellen einstechen. Die Form 20 Minuten in den Kühlschrank stellen.

》 Den Backofen auf 180 °C vorheizen.

》 Die abgekühlte Creme in die Form einfüllen, die Oberfläche mit einem Spatel oder Löffelrücken glatt streichen. Das Ganze in den Ofen stellen und 35–40 Minuten backen. Die Oberfläche muss goldbraun sein.

》 Den Kuchen abkühlen lassen und vor dem Verzehr 4 Stunden in den Kühlschrank stellen.

BASKISCHER KIRSCHKUCHEN

ZUBEREITUNGSZEIT: **45 Min.**
BACKZEIT: **30 Min.**

ZUTATEN

Für 6 Personen

- 400 ml Milch
- 1 Ei + 2 Eigelb
- 110 g brauner Zucker
- 40 g Mehl
- 2 Tropfen Bittermandelaroma
- 20 g Butter für die Form
- 600 g Sandteig
  (siehe Rezept auf S. 9)
- 200 g schwarze Kirschmarmelade
- 1 Eigelb zum Bepinseln

≫ Die Milch in einem Topf zum Kochen bringen.

≫ Das Ei sowie die 2 Eigelbe zusammen mit dem braunen Zucker in einer Schüssel schaumig schlagen. Das Mehl hinzufügen und einrühren. Die kochende Milch darübergießen. Das Ganze zurück in den Topf geben und 3–4 Minuten unter ständigem Rühren bei mittlerer Hitze kochen lassen. Die Creme in ein Gefäß füllen. Das Bittermandelaroma einrühren, dann die Creme mit Frischhaltefolie abdecken, damit sich keine Haut bildet.

≫ Den Backofen auf 180 °C vorheizen. Eine runde Backform oder einen Backring mit Butter einfetten. Zwei Drittel des Teiges auf die Arbeitsplatte legen und auf die Größe der Form ausrollen. In die Form legen.

≫ Die Creme auf dem Teig verteilen und die Oberfläche glatt streichen. Die Marmelade darüber verteilen. Die Teigränder mit Eigelb bepinseln.

≫ Den restlichen Teig auf der Arbeitsplatte ausrollen und auf die Füllung legen, um den Kuchen nach oben hin abzuschließen. Die Teigränder mit den Fingern ins Innere der Form drücken. Die Oberfläche mit Eigelb bepinseln.

≫ Den Kuchen im Ofen 30 Minuten backen.

≫ Den Kuchen 5 Minuten abkühlen lassen, dann vorsichtig eine Abdeckplatte darauflegen, um die Oberfläche zu glätten. Vor dem Verzehr noch etwas abkühlen lassen.

ORANGEN-SAVARIN

ZUBEREITUNGSZEIT: 20 Min.
RUHEZEIT: 30 Min.
BACKZEIT: 20 Min.

ZUTATEN
Für 6 Personen

- 8 g Hefe
- 200 g Mehl + 20 g für die Form
- 120 g Zucker
- 1 Prise Salz
- 60 g Butter + 20 g für die Form
- 5 Eier
- 250 ml frisch gepresster Orangensaft
- 50 ml Cointreau, Grand Marnier oder Mandarinenlikör

TIPP

Sie können den Kuchen in der Mitte mit Vanillesahne (siehe Rezept auf S. 12) oder mit einer Konditorcreme mit Orangenaroma garnieren.

⟩ Die Hefe mit 30 ml lauwarmem Wasser in eine Schüssel geben.

⟩ Das Mehl in die Rührschüssel einer Küchenmaschine mit Knethaken geben. 20 g Zucker, das Salz, die Butter in kleinen Stücken sowie die Hefemischung hinzufügen. Auf niedriger Stufe verkneten. Dann die Eier hinzugeben und 10–15 Minuten auf mittlerer Stufe kneten, bis der Teig glatt und ein wenig elastisch ist.

⟩ Eine Savarin-Form mit Butter einfetten und mit Mehl bestäuben. Drei Viertel des Teiges in die Form füllen. Den Teig etwa 30 Minuten bei Zimmertemperatur gehen lassen, bis er den oberen Rand der Form erreicht hat.

⟩ Den Backofen auf 180 °C vorheizen.

⟩ Wenn der Teig gut aufgegangen ist, den Kuchen im Ofen 15–20 Minuten backen. (Durch Anstechen mit einem Messer prüfen, ob der Kuchen schon fertig ist: Das Messer muss trocken wieder zum Vorschein kommen.)

⟩ Den Kuchen abkühlen lassen, dann vorsichtig aus der Form nehmen. Auf einen Rost legen, diesen auf ein Backblech stellen. Vollständig abkühlen lassen.

⟩ Den Orangensaft, den restlichen Zucker, den Alkohol und 100 ml Wasser in einen Topf geben und 3 Minuten aufkochen.

⟩ Den Sirup ein wenig abkühlen lassen, dann den Savarin behutsam damit beträufeln, sodass er sich gut vollsaugt. Den abgetropften Sirup im Backblech auffangen und erneut über den Kuchen träufeln, bis dieser vollständig durchtränkt ist. Vor dem Verzehr abkühlen lassen.

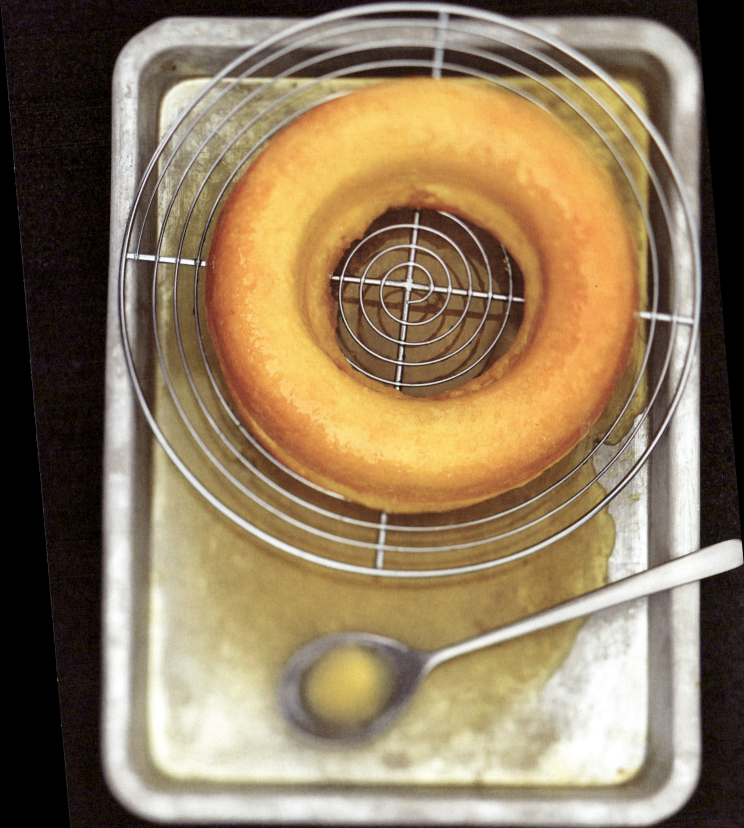

Cremetorte aus dreierlei Schokolade

ZUBEREITUNGSZEIT: **30 Min.**
KÜHLZEIT: **6 Std.**

ZUTATEN

Für 6 Personen
- 130 g Zartbitterschokolade
- 150 g Vollmilchschokolade
- 150 g weiße Schokolade
- 50 ml Milch
- 500 ml sehr kalte Sahne
- 120 g runde Schokoladenstreusel zum Garnieren

≫ Die Schokolade mit einem Messer zerkleinern. Jede Schokoladensorte in eine separate Schüssel geben. Die Milch über die weiße Schokolade gießen.

≫ Die dreierlei Schokolade bei schwacher Hitze im Wasserbad oder in der Mikrowelle schmelzen. Mit einem Spatel glatt streichen und bei Zimmertemperatur abkühlen lassen.

≫ Die Sahne steif schlagen und dritteln. Jeweils ein Drittel in jede Schokoladencreme einrühren.

≫ Einen Backring mit hohem Rand und etwa 18–20 cm Durchmesser auf eine Servierplatte legen. Zunächst die dunkle Schokoladencreme einfüllen, dann die helle, zum Schluss die Vollmilchschokoladencreme. Die Oberfläche mit einem Spatel oder einem Messer glätten. 6 Stunden in den Kühlschrank stellen. (Wenn die Cremes noch etwas zu flüssig sind, die Torte zwischen dem Einfüllen der einzelnen Schichten zusätzlich je 10 Minuten in den Kühlschrank stellen.)

≫ Unmittelbar vor dem Servieren den Backring vorsichtig entfernen und die Torte mit den Schokoladenstreuseln garnieren. Zum Anschneiden ein Messer in heißes Wasser tauchen. Zur Torte eine Crème anglaise reichen (siehe Rezept auf S. 18).

FONDANT-KUCHEN MIT NÜSSEN

ZUBEREITUNGSZEIT: **20 Min.**
BACKZEIT: **25 Min.**

ZUTATEN

Für 6 Personen
- 100 g weiche Butter
  + 20 g für die Form
- 60 g Zucker
  + 20 g für die Form
- 240 g Walnusskerne
- 75 g Puderzucker
- 4 Eiweiß
- 1 Prise Salz

≫ Den Backofen auf 180 °C vorheizen.

≫ Eine Springform von etwa 25 cm Durchmesser mit Butter einfetten und mit Zucker bestreuen.

≫ Die Nüsse in die Rührschüssel einer Küchenmaschine geben und fein zermahlen. Den Puderzucker hinzufügen und weitere 2 Minuten verrühren. Die Mischung mit der Butter verrühren.

≫ Die Eiweiß zu festem Eischnee schlagen und mit dem Salz bestreuen. Nach und nach den Zucker hinzugeben und weitere 3 Minuten verrühren, bis der Eischnee ganz fest ist.

≫ Ein wenig Eischnee zu der Nussmischung geben, um diese etwas aufzulockern. Danach den restlichen Eischnee hinzufügen. Dabei die Masse vorsichtig aufschäumen.

≫ Das Ganze in die Form füllen, in den Ofen schieben und 20–25 Minuten backen.

≫ Den Kuchen vor dem Anschneiden abkühlen lassen. Mit Schokoladensauce servieren (siehe Rezept auf S. 19).

ANANAS-KARAMELL-KUCHEN

ZUBEREITUNGSZEIT: **30 Min.**
BACKZEIT: **35 Min.**

ZUTATEN

Für 6 Personen
- 170 g Butter
- 8 Scheiben gezuckerte Ananas
- 150 g Rohrzucker
- 2 EL Rum
- 125 g Mehl
- 1 Ei
- 100 ml Milch

》 Den Backofen auf 180 °C vorheizen.

》 30 g Butter in einer großen Pfanne schmelzen. Wenn die Butter flüssig ist, die Ananasscheiben in die Pfanne geben und bei mittlerer Hitze auf jeder Seite goldbraun braten. Mit 30 g Rohrzucker bestreuen und auf jeder Seite 2—3 Minuten karamellisieren. Den Rum angießen und die Ananas flambieren. Abkühlen lassen.

》 60 g weiche Butter und 60 g Rohrzucker in einer großen Schüssel mit dem Löffel vermischen.

》 Die restliche Butter bei schwacher Hitze in einem Topf schmelzen, dann in eine Schüssel geben. Mit dem restlichen Rohrzucker vermischen. Mehl, Ei und Milch einrühren.

》 Jede Scheibe karamellisierte Ananas in 2 oder 3 Stücke schneiden. Diese auf dem Boden einer mit Backpapier ausgelegten Form verteilen. Die Mischung aus Butter und Rohrzucker mit einem Löffel darübergeben und dann mit der Ei-Mischung bedecken.

》 Den Kuchen 30—35 Minuten backen. Abkühlen lassen und erst dann aus der Form nehmen.

Aprikosen-Mandel-Auflauf

ZUBEREITUNGSZEIT: **20 Min.**
BACKZEIT: **40 Min.**

ZUTATEN

Für 6 Personen
- 700–800 g frische Aprikosen
- 60 g Butter + 20 g für die Form
- 130 g Zucker + 20 g für die Form
- 120 g gehackte Mandeln
- 3 Eier
- 120 g Mehl
- 1 Prise Salz
- 300 ml Milch
- 5 Tropfen Bittermandelaroma

≫ Den Backofen auf 180 °C vorheizen.

≫ Die Aprikosen waschen, halbieren und entsteinen.

≫ Die Butter in einer großen Pfanne schmelzen, dann die Aprikosen 5 Minuten bei mittlerer Hitze darin anbraten. Mit 40 g Zucker bestreuen und die gehackten Mandeln hinzufügen. Das Ganze 4–5 Minuten unter ständigem Rühren auf kleiner Flamme karamellisieren. Abkühlen lassen.

≫ Die Eier und den restlichen Zucker in einer Schüssel verrühren. Das Mehl und das Salz hinzufügen und einrühren. Die Milch angießen und das Bittermandelaroma einträufeln.

≫ Eine Gratinform mit Butter einfetten und mit Zucker bestreuen. Die Aprikosen-Mandel-Mischung einfüllen, dann mit der Eier-Mischung bedecken.

≫ Den Auflauf in den Ofen stellen und 35–40 Minuten backen. Vor dem Servieren abkühlen lassen.

APRIKOSEN-CHEESECAKE

ZUBEREITUNGSZEIT: 30 Min.
KÜHLZEIT: 1 Nacht
BACKZEIT: 30 Min.
(Aprikosen), 45 Min.
(Cheesecake)

ZUTATEN

Für 6 Personen

- 400 g frische Aprikosen
- 140 g Zucker
- 2 Messerspitzen Safran
- 200 g Mürbeplätzchen
- 80 g Butter
- 3 Eier
- 300 g Frischkäse
  (z.B. Philadelphia)

≫ Am Vortag die Aprikosen waschen und entsteinen. In kleine Stücke schneiden und in einen Topf geben. 70 g Zucker und eine Prise Safran hinzufügen. 30 Minuten bei mittlerer Hitze garen, dann mit einem Stabmixer pürieren. (Wenn die Aprikosen viel Wasser abgeben, vor dem Mixen abtropfen lassen.) Das entstandene Püree beiseitestellen.

≫ Den Backofen auf 160 °C vorheizen.

≫ Die Mürbeplätzchen mit einem Nudelholz zu Krümeln zerkleinern und in eine Schüssel geben. Die Butter in einem Topf schmelzen und über die Krümel verteilen. Die Mischung in eine Backform (vorzugsweise mit herausnehmbaren Boden) geben und mit einem Löffel festdrücken.

≫ In den Ofen stellen und 15 Minuten backen. Die Form aus dem Ofen nehmen und abkühlen lassen. Den Ofen auf 110 °C herunterschalten.

≫ Die Eier in einer Schüssel mit dem restlichen Zucker und der zweiten Prise Safran verrühren.

≫ Den Frischkäse in einer anderen Schüssel ein paar Mal umrühren, um ihn aufzulockern. Das Aprikosenpüree und danach die verrührten Eier hinzufügen.

≫ Die Mischung auf dem Biskuitboden verteilen. 40–45 Minuten im Ofen backen, damit der Belag sich gut mit dem Teig verbindet. Den Cheesecake abkühlen lassen und über Nacht in den Kühlschrank stellen.

≫ Am nächsten Tag den Cheesecake vorsichtig aus der Form nehmen. Mit einer Aprikosen-Coulis oder einer Crème anglaise servieren (siehe Rezepte auf S. 18).

KLEINE KUCHEN UND LECKEREIEN!

Blätterteigschnittchen mit Vanillecreme

ZUBEREITUNGSZEIT: 1 Std.
BACKZEIT: 30 Min.

ZUTATEN

Für 6 Schnittchen

- 600 ml Milch
- 2 Vanilleschoten
- 2 Eier + 2 Eigelb
- 270 g Zucker
- 60 g Speisestärke
- 750 g frischer oder tiefgefrorener Blätterteig
- 200 ml sehr kalte Sahne

❯ Die Milch in einen Topf geben. Die Vanilleschoten halbieren und das Mark über dem Topf aus der Schale kratzen. Das Mark einrühren und die Milch zum Kochen bringen.

❯ Die Eier und die Eigelbe in einer Schüssel mit 140 g Zucker verrühren. Die Speisestärke hinzufügen und einrühren. Die kochend heiße Vanillemilch darübergießen. Das Ganze zurück in den Topf geben und unter ständigem Rühren 3 Minuten kochen lassen. Die entstandene Creme in eine Schüssel geben, mit Frischhaltefolie abdecken und abkühlen lassen.

❯ Den Backofen auf 180 °C vorheizen. Den Blätterteig in zwei gleich große Teiglinge teilen. Die Arbeitsfläche mit 80 g Zucker bestreuen, dann die Teiglinge zu zwei 3–4 mm dicken Rechtecken ausrollen. Die beiden Teigrechtecke auf ein mit Back- oder Silikonpapier ausgelegtes Backblech legen. Ein weiteres Blatt Papier auf jedes Rechteck legen und das Ganze mit einem zweiten Blech abdecken. 20 Minuten im Ofen backen.

❯ Das Blech, das die Teiglinge bedeckt, entfernen und die Teiglinge mit dem restlichen Zucker bestreuen. Erneut 12 bis 15 Minuten backen. Abkühlen lassen.

❯ Die Sahne steif schlagen. Die kalte Vanillecreme mit dem Mixer glätten und die Sahne untermischen.

❯ Mit einem scharfen Messer aus dem Blätterteig 18 gleich große Rechtecke zurechtschneiden. Als Füllung die Vanillecreme mithilfe eines Spritzbeutels mit Lochtülle auf zwei Teigrechtecke sprühen. Diese dann übereinanderlegen und mit einem weiteren Rechteck abdecken. Die weiteren Blätterteigschnittchen ebenso zusammensetzen.

SCHOKOLADEN-HASELNUSS-ECLAIRS

ZUBEREITUNGSZEIT: **45 Min.**
KÜHLZEIT: **6 Std.**
BACKZEIT: **40 Min.**

ZUTATEN

Für 6 Eclairs

Für den Brandteig:
- 50 ml Milch
- 100 ml Wasser
- 1 TL Zucker
- 90 g gesiebtes Mehl
- 75 g Butter
- 1 Prise Salz
- 3 Eier

Für die Schokoladencreme:
- 220 g Zartbitterschokolade
- 3 Eigelb
- 60 g Zucker
- 150 ml Milch
- 250 ml Sahne

Für die Glasur:
- 150 g gehackte dunkle
  Schokolade
- 1 TL Zitronensaft
- 80 g Zucker

**Für die karamellisierten
Haselnüsse:**
- 60 g Zucker
- 60 g grob gehackte Haselnüsse

≫ Für die Schokoladencreme die Schokolade mit einem Messer zerkleinern und in eine Schüssel geben. Die Eigelbe zusammen mit dem Zucker in einer großen Schüssel schaumig schlagen. Die Milch und die Sahne in einem Topf zum Kochen bringen, die Mischung zu den Eiern geben und verrühren. Das Ganze zurück in den Topf gießen. 4–5 Minuten unter ständigem Rühren bei schwacher Hitze köcheln lassen, bis die Creme am Löffel kleben bleibt. Die entstandene Crème anglaise über die Schokolade geben und verrühren. 20 Sekunden mit dem Stabmixer aufschäumen, damit die Creme ganz glatt wird. Abkühlen lassen und die Creme 6 Stunden in den Kühlschrank stellen.

≫ Für die Haselnüsse aus dem Zucker und 50 ml Wasser in einem Topf einen hellbraunen Karamell herstellen. Die Haselnüsse hinzufügen und mithilfe eines Spatels untermischen. Auf einem Stück Backpapier abkühlen lassen.

≫ Den Backofen auf 180 °C vorheizen. Den Brandteig anrühren (siehe Rezept auf S. 9). Den Teig in einen Spritzbeutel mit großer Lochtülle füllen und auf einem mit Back- oder Silikonpapier ausgelegten Backblech 6 Eclairs von 12–15 cm Länge formen. 25–30 Minuten im Ofen goldbraun backen. Die Eclairs auf einem Rost abkühlen lassen.

≫ Für die Glasur die Schokolade in eine Schüssel geben. Den Zitronensaft zusammen mit dem Zucker und 100 ml Wasser in einem Topf zum Kochen bringen. Den entstandenen Sirup über die Schokolade geben und verrühren. Abkühlen lassen.

≫ Mithilfe eines Spritzbeutels mit kleiner Sterntülle ein Loch in die Unterseite des ersten Eclairs bohren und das Eclair mit Schokoladencreme füllen. Das Loch wieder verschließen. Mit den anderen Eclairs ebenso verfahren. Die Eclairs mit der Glasur überziehen und die Nüsse darauf verteilen.

PARIS-BREST

ZUBEREITUNGSZEIT: **1 Std.**
BACKZEIT: **30 Min.**
KÜHLZEIT: **1½ Std.**

ZUTATEN
Für 6 Personen

Für den Brandteig:
- 50 ml Milch
- 100 ml Wasser
- 10 g Zucker
- 90 g gesiebtes Mehl
- 75 g Butter
- 1 Prise Salz
- 3 Eier + 1 Eigelb zum Bepinseln
- 100 g Krokant

**Für die Krokantcreme und
die Garnierung:**
- 50 g Zucker
- 2 Eiweiß
- 1 Prise Salz
- 2 EL flüssiger Krokant
- 100 ml Crème anglaise
  (siehe Rezept auf S. 18)
- 150 g weiche Butter
- 100 g Krokant
- 50 g Puderzucker

❯ Den Backofen auf 180 °C vorheizen.

❯ Den Brandteig anrühren (siehe Rezept auf S. 9).

❯ Mithilfe eines Spritzbeutels mit kleiner Tülle 6 Teigringe auf einem mit Back- oder Silikonpapier ausgelegten Backblech formen. Dabei genügend Platz zwischen den Kreisen lassen. Den Teig mit in Wasser verdünntem Eigelb bepinseln. Den Krokant darüberstreuen. Die Teigringe 25–30 Minuten im Ofen backen. Abkühlen lassen.

❯ Für die Creme den Zucker zusammen mit 50 ml Wasser in einen Topf geben und bei 125–130 °C kochen lassen, bis ein dicker, aber farbloser Sirup entsteht.

❯ Die Eiweiß zu festem Eischnee schlagen und mit dem Salz bestreuen. Den lauwarmen Zuckersirup darübergießen und weiterrühren, bis die Mischung vollständig erstarrt ist.

❯ Den flüssigen Krokant in die Crème anglaise einrühren, dann diese unter die Baisermasse heben. Zum Schluss die Butter hinzufügen und unterheben. Die Creme 30 Minuten in den Kühlschrank stellen.

❯ Jeden Gebäckring horizontal halbieren. Mit einem Löffel die Creme auf der unteren Hälfte verteilen. Die Creme mit Krokantstücken garnieren und mit der oberen Hälfte des Rings abdecken. Mit Puderzucker bestreuen. Das Gebäck für 1 Stunde in den Kühlschrank stellen.

MACARONS MIT PFIRSICHEN UND WEISSER SCHOKOLADE

ZUBEREITUNGSZEIT: 1 Std.
RUHEZEIT: 30 Min.
KÜHLZEIT: 2 Std.
BACKZEIT: 30 Min.

ZUTATEN

Für 12 große Macarons

Für die Macarons:
- 310 g Puderzucker
- 230 g gemahlene Mandeln
- 6 Eiweiß
- 1 Prise Salz
- 160 g Zucker
- Lebensmittelfarbe
  (gelb oder orange)
- 2 große Messerspitzen Safran

Für die Füllung:
- 2 Pfirsiche
- 40 g Rohrzucker
- 150 g weiße Schokolade
- 150 g Mascarpone

》 Für die Füllung die Pfirsiche schälen und entsteinen, in kleine Stücke schneiden und zusammen mit dem Rohrzucker in einen Topf geben. 15 Minuten bei mittlerer Hitze garen. In einem Sieb abtropfen lassen und in eine Schüssel legen. Mit einem Stabmixer pürieren.

》 Die Schokolade mit einem Messer zerkleinern und im Wasserbad schmelzen. Zu den pürierten Pfirsichen in die Schüssel geben. Den Mascarpone hinzufügen, das Ganze vermischen und kühl stellen.

》 Für die Macarons den Puderzucker und die gemahlenen Mandeln durch ein feines Sieb in eine Schüssel streichen.

》 Die Eiweiß zu festem Eischnee schlagen und mit einer Prise Salz bestreuen. 80 g Zucker hinzufügen und 1 Minute einrühren. Den restlichen Zucker, 2 oder 3 Tropfen Lebensmittelfarbe und den Safran hinzufügen und weitere 2 Minuten auf höchster Stufe rühren. Die Puderzucker-Mandel-Mischung langsam unterziehen, dabei die gesamte Masse mit einem Spatel auflockern.

》 Den Backofen auf 150 °C vorheizen. Mittels eines Spritzbeutels mit Lochtülle 24 dicke Teigplätzchen auf ein mit Back- oder Silikonpapier ausgelegtes Blech spritzen, dazwischen genügend Platz lassen. 30 Minuten bei Zimmertemperatur „gehen" lassen.

》 Die Macaronhälften 15 Minuten im Ofen backen. Die Ofentür dann einen Spalt breit öffnen und die Hälften weitere 4–5 Minuten backen. Anschließend abkühlen lassen und vom Blech nehmen.

》 Mithilfe eines Spritzbeutels 12 Macaronhälften mit dem Pfirsichpüree garnieren. Mit den übrigen Hälften abdecken, diese dabei leicht andrücken. Die fertigen Macarons 2 Stunden kühl stellen.

RELIGIEUSES MIT PISTAZIENCREME

ZUBEREITUNGSZEIT: 45 Min.
BACKZEIT: 30 Min.

ZUTATEN

Für 6 Religieuses

Für den Brandteig:
- 50 ml Milch
- 100 ml Wasser
- 1 EL Zucker
- 90 g gesiebtes Mehl
- 75 g Butter
- 1 Prise Salz
- 3 Eier

Für die Pistaziencreme:
- 1 großer EL Pistazienmasse
- 1 Ei + 1 Eigelb
- 30 g Speisestärke
- 300 ml Milch
- 100 ml Sahne
- 70 g Zucker

Für die Glasur:
- 1 kleines Eiweiß
- 180 g Puderzucker
- Lebensmittelfarbe (grün)

Für die Garnierung:
- 30 g weiche Butter
- 1 TL Pistazienmasse
- 70 g Puderzucker
- 25 g gehackte Pistazien

》 Den Backofen auf 180 °C vorheizen.

》 Den Brandteig anrühren (siehe Rezept auf S. 9).

》 Auf ein mit Back- oder Silikonpapier ausgelegtes Blech mittels eines Spritzbeutels mit Lochtülle 6 Teigplätzchen von der Größe einer Aprikose und 6 weitere von der Größe einer Nuss spritzen. 25–30 Minuten im Ofen backen.

》 In der Zwischenzeit eine Konditorcreme anrühren (siehe Rezept auf S. 12). Dabei die Vanille weglassen und stattdessen vor dem Hinzufügen der Sahne die Pistazienmasse in die lauwarme Creme einrühren. Abkühlen lassen.

》 Für die Glasur das Eiweiß und den Puderzucker sowie einige Tropfen grüne Lebensmittelfarbe in einer großen Schüssel mit einem Mixer verrühren.

》 Die Unterseite der Plätzchen mit einem Messer einschneiden und mittels eines Spritzbeutels Pistaziencreme hineinspritzen.

》 Die Plätzchen in die Glasur eintauchen, dann sofort die großen und die kleinen Plätzchen miteinander „verkleben" (siehe Bild).

》 Die Butter, den Puderzucker und die Pistazienmasse in einer großen Schüssel gründlich vermischen. Das Gebäck mittels eines Spritzbeutels mit kleiner Tülle (oder mit einer Tüte aus Backpapier) oben und in der Mitte mit der Mischung garnieren. Mit gehackten Pistazien bestreuen. Bis zum Verzehr kühl stellen.

PUITS D'AMOUR

ZUBEREITUNGSZEIT: 45 Min.
RUHEZEIT: 1 Std.
BACKZEIT: 45 Min.

ZUTATEN

Für 6 Personen

- 600 g frischer oder
  tiefgefrorener Blätterteig
- 300 ml Milch
- 1 große Vanilleschote
- 1 Ei + 1 Eigelb
- 220 g Zucker
- 30 g Speisestärke
- 150 ml sehr kalte Sahne

≫ Den Backofen auf 180 °C vorheizen. Den Teig 5 mm dick ausrollen. Mit einer Ausstechform von 10 cm Durchmesser 12 runde Teigscheiben ausstechen. In 6 davon mit einer Ausstechform von 5 cm Durchmesser ein Loch einstechen.

≫ Die großen Scheiben auf ein mit Backpapier ausgelegtes Backblech legen. Die Oberflächen mit ein wenig Wasser anfeuchten, dann die kleinen Scheiben so auf die großen legen, dass das Loch genau in der Mitte ist. 1 Stunde im Kühlschrank ruhen lassen.

≫ Ein 10 cm hohes Glas in jede Ecke des Backblechs stellen, dann ein zweites Blech darauflegen. Die Teigscheiben 30 Minuten im Ofen backen. In der Zwischenzeit die Milch zusammen mit dem Mark aus der Vanilleschote in einem Topf erhitzen.

≫ Das Ei und das Eigelb in einer Schüssel mit 70 g Zucker und der Speisestärke verrühren, dann die heiße Milch darübergießen. Das Ganze zurück in den Topf geben und unter ständigem Rühren 5 Minuten bei mittlerer Hitze köcheln lassen. Die entstandene Creme in ein Gefäß geben, mit Frischhaltefolie abdecken und abkühlen lassen.

≫ Den Blätterteig aus dem Ofen nehmen und abkühlen lassen.

≫ Den restlichen Zucker mit 50 ml Wasser in einem Topf erhitzen, bis sich ein bräunlicher Karamell bildet. Den Topf vom Herd nehmen und die oberen Ränder der Blätterteigringe kurz in den Karamell tauchen. Das Gebäck wieder auf ein Backblech legen.

≫ 80–100 ml Wasser langsam in den Topf mit dem Karamell einfüllen. Den Topf zurück auf den Herd stellen. Die Flüssigkeit mit einem Spatel umrühren und dabei leicht erhitzen. Abkühlen lassen.

≫ Die Sahne steif schlagen und in die Vanillecreme einrühren. Kurz vor dem Servieren den Blätterteig mit der Vanillesahne füllen und den restlichen Karamell darüber verteilen.

MANDELBISKUITS MIT PISTAZIEN, HIMBEEREN UND KAKAO

ZUBEREITUNGSZEIT: **15 Min.**
KÜHLZEIT: **3 Std.**
BACKZEIT: **15 Min.**

ZUTATEN

Für etwa 24 Biskuits

- 150 g Butter
  + 20 g für die Förmchen
- 60 g ungesalzene Pistazienkerne
- 50 g Mehl + 20 g für die Förmchen
- 60 g gemahlene Mandeln
- 125 g Zucker
- 4 Eiweiß
- 1 TL Kakaopulver
- 120 g frische Himbeeren

》 Die Butter in einem Topf bei mittlerer Hitze schmelzen, bis sie nussbraun ist. Durch ein Sieb gießen und abkühlen lassen.

》 Die Pistazien grob zerkleinern.

》 In einer Schüssel das Mehl, die gemahlenen Mandeln und den Zucker mit dem Mixer verrühren. Die Eiweiße einrühren. Die geschmolzene Butter hinzufügen und auf niedriger Stufe weiterrühren.

》 Den entstandenen Teig dritteln und jedes Drittel in eine separate Schüssel geben. In der ersten Schüssel die gehackten Pistazien in den Teig einrühren, in der zweiten Schüssel den Kakao. Das dritte Teigdrittel so lassen, wie es ist. Die Schüsseln für mindestens 3 Stunden in den Kühlschrank stellen.

》 Den Backofen auf 180 °C vorheizen.

》 Kleine Biskuitförmchen mit Butter einfetten und mit Mehl bestäuben. Dann die Förmchen jeweils zu drei Vierteln mit den unterschiedlichen Teigsorten füllen. Die Himbeeren vorsichtig in den naturbelassenen Teig eindrücken.

》 Die Biskuits 15 Minuten im vorgeheizten Ofen backen. Abkühlen lassen und über einem Kuchengitter aus den Förmchen nehmen. Vor dem Verzehr vollständig auskühlen lassen.

TIPP

Den Teig am besten schon am Vortag zubereiten.

BUNTE MINI-MUFFINS

ZUBEREITUNGSZEIT: 30 Min.
RUHEZEIT: 15 Min.
BACKZEIT: 20 Min.

ZUTATEN

Für 24 Mini-Muffins

Für den Teig:
- 50 g getrocknete Waldbeeren
- 1 Ei
- 100 ml Milch
- 70 g Zucker
- 10 g Backpulver
- 160 g Mehl
- 40 g gemahlene Mandeln
- 60 g gemahlener Krokant

Für die Glasur:
- 1 Eiweiß
- 150 g Puderzucker
- rote Lebensmittelfarbe
- blaue oder violette Lebensmittelfarbe

≫ Den Backofen auf 170 °C vorheizen.

≫ Die getrockneten Waldbeeren in kleine Würfel schneiden.

≫ In einer großen Schüssel das Ei und die Milch mit einer Gabel verquirlen.

≫ Den Zucker, das Backpulver, das Mehl und die gemahlenen Mandeln in eine Schüssel geben und vermischen. In die Mitte eine Vertiefung drücken. Die Milch-Ei-Mischung einfüllen und das Ganze behutsam verrühren, sodass sich ein gleichmäßiger Teig bildet.

≫ Den Teig halbieren. Die Waldbeeren zur einen Hälfte hinzufügen, den Krokant zur anderen. Den Teig 15 Minuten ruhen lassen.

≫ Kleine Muffin-Förmchen auf ein Backblech stellen und mithilfe eines Spritzbeutels jeweils zu drei Vierteln mit Teig füllen. Etwa 15 Minuten im Ofen backen.

≫ In der Zwischenzeit das Eiweiß und den Puderzucker in einer Schüssel mit dem Mixer verquirlen. Die Mischung halbieren. Zu jeder Hälfte einige Tropfen rote oder blaue Lebensmittelfarbe hinzufügen — wie viele Tropfen, hängt von der gewünschten Farbintensität ab.

≫ Die Muffins aus dem Ofen nehmen und abkühlen lassen. Die Oberflächen vorsichtig in die farbige Glasur eintauchen: rot für die Waldbeeren-Muffins, blau für die Krokant-Muffins. Auf einem Kuchengitter abkühlen lassen und bei Zimmertemperatur in einer luftdicht verschließbaren Dose aufbewahren.

Wenn Sie etwas grössere Muffin-Formen verwenden, verlängert sich die Backzeit um 5 Minuten.

CANNELÉS

ZUBEREITUNGSZEIT: **30 Min.**
RUHEZEIT: **1 Nacht**
BACKZEIT: **1 Std.**

ZUTATEN

Für 12–15 Cannelés

- 50 g Butter
  + 30 g für die Förmchen
- 500 ml Milch
- 1 Vanilleschote
- 225 g Zucker
- 125 g Mehl
- 1 Tütchen Vanillezucker
- 2 Eier + 1 Eigelb
- 50 ml brauner Rum

》 Am Vortag die Butter in einem Topf auf kleiner Flamme schmelzen lassen.

》 Die Milch in einen Topf geben. Die Vanilleschote halbieren und das Mark über dem Topf mit einem Messer herauskratzen. Die Milch zum Kochen bringen.

》 Den Zucker, das Mehl und den Vanillezucker in einer Schüssel vermischen.

》 Die Eier und das Eigelb in einer zweiten Schüssel verquirlen. Die heiße Vanillemilch zugießen und schnell umrühren. Das Ganze unter Rühren in die Schüssel mit dem Mehl und dem Zucker geben. Die geschmolzene Butter sowie den Rum hinzufügen. Alles gut durchmischen, den entstandenen Teig durch ein feines Sieb streichen und über Nacht in den Kühlschrank stellen.

》 Am nächsten Tag den Backofen auf 240 °C vorheizen.

》 Kleine Muffin- oder Cannelé-Formen gut mit Butter einfetten und jeweils zu drei Vierteln mit Teig füllen.

》 Die Cannelés auf einem Backblech auf der unteren Schiene in den Ofen schieben und 5–7 Minuten backen. Den Ofen dann auf 180 °C herunterschalten und die Cannelés 45 Minuten backen. Abkühlen lassen und auf einem Kuchengitter aus den Förmchen nehmen. Abgekühlt genießen.

MADELEINES MIT ZITRONE, KAFFEE UND GRÜNEM TEE

ZUBEREITUNGSZEIT: 30 Min.
KÜHLZEIT: 3 Std.
BACKZEIT: 10 Min.

ZUTATEN
Für 24 Madeleines
- 200 g Butter
  + 20 g für die Förmchen
- 3 Eier
- 80 g Zucker
- 50 ml Milch
- 50 g Honig
- 200 g Mehl
  + 20 g für die Förmchen
- 10 g Backpulver
- 1 EL Kaffee-Extrakt
- abgeriebene Schale von
  1 unbehandelten Zitrone
- 1 TL grüner Tee (Pulver)

》 Die Butter bei mittlerer Hitze in einem Topf schmelzen, bis sie nussbraun wird. Durch ein Sieb gießen und abkühlen lassen.

》 In einer Schüssel die Eier mit dem Zucker zu festem Eischnee schlagen. Die Milch und den Honig einrühren. Das Mehl, das Backpulver und die geschmolzene Butter hinzufügen. Das Ganze gut verrühren.

》 Den entstandenen Teig dritteln. Jedes Drittel in eine separate Schüssel geben. Den Kaffee-Extrakt in das erste Drittel rühren, die Zitronenschale in das zweite und den grünen Tee in das dritte. Den gesamten Teig für mindestens 3 Stunden in den Kühlschrank stellen.

》 Den Backofen auf 220 °C vorheizen.

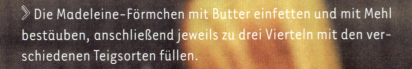

» Die Madeleine-Förmchen mit Butter einfetten und mit Mehl bestäuben, anschließend jeweils zu drei Vierteln mit den verschiedenen Teigsorten füllen.

» Die Madeleines im vorgeheizten Ofen 4 Minuten backen. Die Temperatur auf 190 °C herunterschalten und die Madeleines weitere 4–5 Minuten backen: Sie müssen gut aufgehen.

» Abkühlen lassen und auf einem Kuchengitter aus der Form nehmen. Vor dem Verzehr ganz auskühlen lassen.

TIPP
Den Teig am besten bereits am Vortag zubereiten.

Nougat-Cookies

ZUBEREITUNGSZEIT: 15 Min.
KÜHLZEIT: 1 Std.
BACKZEIT: 20 Min.

ZUTATEN

Für etwa 20 Cookies

- 100 g weiße Schokolade
- 150 g fester Nougat
- 70 g weiche Butter
- 75 g Rohrzucker
- 90 g Mehl
- 5 g Backpulver
- 1 Ei
- 1 Prise Salz

》 Die weiße Schokolade mit einem Messer zerkleinern.

》 Den Nougat mit einem Messer oder in der Küchenmaschine in grobe Stücke hacken.

》 Die Butter und den Rohrzucker in einer Schüssel zügig verrühren. Das Mehl, das Backpulver, das Ei und eine Prise Salz hinzufügen. Die Schokoladenstückchen und den Nougatbruch einrühren und das Ganze gut durchmischen. Den entstandenen Teig für 1 Stunde in den Kühlschrank stellen.

》 Den Backofen auf 180 °C vorheizen.

》 Auf einem mit Backpapier ausgelegten Backblech kleine, nussgroße Teigfladen verteilen. Dazwischen genügend Abstand lassen.

》 Die Cookies im vorgeheizten Ofen 16—18 Minuten goldbraun backen.

》 Abkühlen lassen und erst dann vom Papier lösen. In einer luftdicht verschlossenen Dose verwahren.

AMARETTI

ZUBEREITUNGSZEIT: 15 Min.
BACKZEIT: 10 Min.

ZUTATEN

Für etwa 30 Stück
- 280 g gemahlene Mandeln
- 170 g Puderzucker
- 2 Eiweiß
- 15 Tropfen Mandelaroma

❯ Den Backofen auf 180 °C vorheizen.

❯ Die gemahlenen Mandeln mit 130 g Puderzucker, den Eiweiß und dem Mandelaroma in einer Schüssel vermischen.

❯ Mithilfe eines Spritzbeutels mit mittelgroßer Lochtülle nussgroße Teigbällchen auf ein mit Backpapier ausgelegtes Backblech spritzen.

❯ Die Amaretti in den Ofen schieben und 8—10 Minuten backen.

❯ Abkühlen lassen und mit dem restlichen Puderzucker bestreuen. In einer Dose aufbewahren und trocken lagern.

BISKUITKUCHEN MIT BLAUBEEREN

ZUBEREITUNGSZEIT: **30 Min.**
BACKZEIT: **40 Min.**

ZUTATEN

Für 6 Personen

- 6 Eier
- 90 g Mehl + 20 g für die Form
- 20 g Speisestärke
- 180 g Zucker
- 1 Prise Salz
- 350 g frische oder tiefgefrorene Blaubeeren
- 20 g Butter für die Form

≫ Den Backofen auf 180 °C vorheizen.

≫ Die Eier trennen.

≫ Das Mehl und die Speisestärke durchsieben.

≫ Die Eigelbe zusammen mit dem Zucker in einer Schüssel schaumig schlagen. Das Mehl und die Speisestärke hinzufügen und das Ganze zu einem Teig verrühren.

≫ Die Eiweiß zu festem Eischnee schlagen und das Salz einstreuen. Den Eischnee unter den Teig heben, diesen dabei mit einem Spatel ein wenig lockern. Die Blaubeeren ggf. waschen und zügig unterrühren.

≫ Eine Springform von 22 cm Durchmesser (oder eine Gugelhupf- oder Charlottenform) mit Butter einfetten und mit Mehl bestäuben, dann den Teig einfüllen. In den Ofen stellen und 40 Minuten backen. (Vorsichtig ein Messer in den Kuchen stecken, um zu prüfen, ob er schon fertig ist. Es muss trocken wieder zum Vorschein kommen.)

≫ Den Kuchen abkühlen lassen, dann auf einem Rost aus der Form nehmen. Kalt genießen, dazu Blaubeermarmelade oder eine Crème anglaise servieren.

TIPP

Wenn Sie tiefgefrorene Blaubeeren verwenden, geben Sie sie im gefrorenen Zustand in den Teig, da sie ansonsten zu viel Wasser abgeben.

Fondant-Cake mit kandierten Früchten

ZUBEREITUNGSZEIT: **20 Min.**
BACKZEIT: **1 Std. 15 Min.**
RUHEZEIT: **1 Std.**

ZUTATEN

Für 6 Personen

- 300 g kandierte Früchte
- 50 ml Rum
- 180 g weiche Butter
  + 20 g für die Form
- 60 g Mehl + 20 g für die Form
- 5 g Backpulver
- 200 g Puderzucker
- 100 g gemahlene Mandeln
- 100 g gemahlene Haselnüsse
- 4 Eier

》 Den Backofen auf 180 °C vorheizen.

》 Die kandierten Früchte in einer Schüssel in den Rum einlegen.

》 Eine ca. 25 cm lange Kastenform mit Butter einfetten und mit Mehl bestäuben. 40 g Mehl und das Backpulver durchsieben.

》 Butter und Puderzucker 3 Minuten mit einem Rührgerät auf höchster Stufe verrühren. Auf eine niedrigere Stufe stellen, die gemahlenen Mandeln und Nüsse hinzufügen und 1 Minute rühren. Das Mehl und das Backpulver dazugeben, danach die Eier (eins nach dem anderen). Dabei immer weiterrühren.

》 Die Früchte abtropfen lassen, danach mit dem restlichen Mehl ummanteln (damit sie später nicht auf den Boden der Backform sinken). Die Früchte in den Teig einarbeiten.

》 Den Teig in die Form füllen. In den Ofen stellen und etwa 1 Stunde und 20 Minuten backen. (Vorsichtig ein Messer in den Kuchen stecken, um zu prüfen, ob er schon fertig ist. Es muss trocken wieder zum Vorschein kommen.)

》 Den Kuchen abkühlen lassen. Auf einem Rost aus der Form nehmen und vor dem Verzehr 1 Stunde ruhen lassen.

Dieser Kuchen wird noch schmackhafter, wenn Sie den Teig am Vortag zubereiten. Decken Sie ihn mit Frischhaltefolie ab, damit er weich bleibt.

BACKZEIT: 1 Std. 15 Min.
RUHEZEIT: 1 Std. 30 Min.

SCHOKOLADEN-ORANGEN-KUCHEN

ZUTATEN

Für 6 Personen
- 250 g weiche Butter + 20 g für die Form
- 200 g Mehl + 20 g für die Form
- 300 g kandierte Orangenschalen
- 50 ml Cointreau oder Grand Marnier
- 60 g Kakaopulver
- 6 g Backpulver
- 250 g Zucker
- 5 Eier
- ½ Eiweiß
- 2 EL Puderzucker

› Den Backofen auf 180 °C vorheizen.

› Eine ca. 25 cm lange Kastenform mit Butter einfetten und mit Mehl bestäuben.

› 250 g Orangenschalen in kleine Würfel schneiden und in einer großen Schüssel in den Alkohol einlegen.

› Mehl, Kakao und Backpulver zusammen durchsieben.

》 Die Butter und den Zucker mit einem Rührgerät auf mittlerer Stufe in einer Schüssel 3 Minuten verrühren. Mehl, Kakao und Backpulver dazugeben, danach die Eier (eins nach dem anderen) und schließlich die eingelegten Früchte. Dabei auf niedriger Stufe weiterrühren.

》 Den Teig in die Form füllen. In den Ofen stellen und etwa 1 Stunde backen. (Vorsichtig ein Messer in den Kuchen stecken, um zu prüfen, ob er schon fertig ist. Es muss trocken wieder zum Vorschein kommen.)

》 Den Kuchen abkühlen lassen. Auf einem Rost aus der Form nehmen und 1 Stunde ruhen lassen.

》 Für die Glasur das Eiweiß und den Puderzucker mit einem Schneebesen verquirlen.

》 Den Kuchen mit den restlichen Orangenschalen garnieren und danach glasieren. Weitere 30 Minuten ruhen lassen, damit die Glasur fest wird.

KAROTTENKUCHEN MIT NÜSSEN UND SAFRAN

ZUBEREITUNGSZEIT: **25 Min.**
BACKZEIT: **50 Min.**

ZUTATEN

Für 6 Personen
- 100 g Butter + 20 g für die Form
- 350 g Karotten
- 120 g Walnusskerne
- 3 Eier
- 150 g Zucker
- 75 g Mehl
- 10 g Backpulver
- 2 Messerspitzen Safran
- 1 Prise Salz

》 Den Backofen auf 190 °C vorheizen.

》 Eine Kastenform mit Butter einfetten.

》 Die Karotten schälen und reiben, so dass 300 g geriebene Karotten übrig bleiben.

》 Die Nüsse mit einem Messer zerkleinern.

》 Die Butter in einem Topf oder in der Mikrowelle bei niedriger Temperatur schmelzen.

》 Die Eier trennen. Die Eigelbe zusammen mit dem Zucker in einer Schüssel schaumig schlagen. Das Mehl und das Backpulver einrühren, danach die geschmolzene Butter, die geriebenen Karotten, die Nüsse und den Safran.

》 Die Eiweiße zu festem Eischnee schlagen und das Salz einstreuen. Dann den Eischnee mit einem Spatel unter den Teig heben.

》 Den Teig in die Form füllen. In den Ofen schieben und 50 Minuten backen. Den Karottenkuchen abkühlen lassen und dann aus der Form nehmen. Kalt genießen.

ZITRONEN-HIMBEER-KUCHEN

ZUBEREITUNGSZEIT: **20 Min.**
BACKZEIT: **1 Std. 15 Min.**

ZUTATEN

Für 4 Personen
- 160 g Butter + 20 g für die Form
- 160 g Mehl + 20 g für die Form
- 5 g Backpulver
- 3 unbehandelte Zitronen
- 3 Eier
- 170 g Zucker
- 200 g frische Himbeeren

≫ Den Backofen auf 170 °C vorheizen.

≫ Eine ca. 25 cm lange Kastenform mit Butter einfetten und mit Mehl bestäuben. Das Mehl und das Backpulver durchsieben.

≫ Die Zitronen waschen und die Schale abreiben, danach die Zitronen auspressen.

≫ Die Butter bei geringer Hitze in einem Topf schmelzen.

≫ Die Eier zusammen mit dem Zucker in einer Schüssel schaumig schlagen. Das Mehl und das Backpulver einrühren, danach den Zitronensaft und die Zitronenschale, zuletzt die geschmolzene Butter. Die Himbeeren mit einem Spatel unterheben.

≫ Den Teig in die Form füllen. In den Ofen schieben, 1 Stunde und 15 Minuten backen. (Vorsichtig ein Messer in den Kuchen stecken, um zu prüfen, ob er schon fertig ist. Es muss trocken wieder zum Vorschein kommen.)

≫ Den Kuchen abkühlen lassen. Auf einem Rost aus der Form nehmen und vor dem Verzehr weiter abkühlen lassen.

Diesen Kuchen wegen der frischen Himbeeren schnell verzehren.

EISCHWERKUCHEN MIT AMARENAKIRSCHEN

ZUBEREITUNGSZEIT: 30 Min.
BACKZEIT: 35 Min.

ZUTATEN

Für 6 Personen
- 3 Eier
- ca. 150 g Butter
  + 20 g für die Form
- ca. 150 g Zucker
- ca. 150 g gesiebtes Mehl
  + 20 g für die Form
- 1 Prise Salz
- 150 g abgetropfte und in Stücke geschnittene Amarenakirschen

》 Zu Beginn die Eier in eine Schüssel schlagen und abwiegen: Bei diesem Rezept muss das Gewicht aller Zutaten identisch sein. Die Menge an Butter, Zucker und Mehl bei Bedarf anpassen.

》 Den Backofen auf 180 °C vorheizen. Eine etwa 25 cm lange Kastenform oder Terrine mit Butter einfetten und mit Mehl bestäuben.

》 Die Butter in einem Topf bei niedriger Temperatur schmelzen. Die Eier vorsichtig trennen. Die Eigelbe zusammen mit dem Zucker in einer Schüssel schaumig schlagen. Die geschmolzene Butter und das Mehl hinzufügen. Das Ganze gut verrühren.

》 Die Eiweiß zu festem Eischnee schlagen und das Salz einstreuen. Dann den Eischnee mit einem Spatel unter den Teig heben. Die Kirschen hinzufügen und gut einrühren.

》 Den Teig in die Form füllen. In den Ofen schieben und 35 Minuten backen. (Vorsichtig ein Messer in den Kuchen stecken, um zu prüfen, ob er schon fertig ist. Es muss trocken wieder zum Vorschein kommen.)

》 Den Eischwerkuchen abkühlen lassen und auf einem Rost aus der Form nehmen. Kalt genießen – pur oder mit Kirschmarmelade.

MANDEL-BROWNIE

ZUBEREITUNGSZEIT: **20 Min.**
BACKZEIT: **30 Min.**

ZUTATEN

Für 6 Personen
- 150 g ganze Mandeln
- 130 g weiche Butter
  + 20 g für die Form
- 75 g Mehl + 20 g für die Form
- 3 Eier
- 190 g Zucker
- 140 g Zartbitterschokolade

≫ Die Mandeln grob zerkleinern. In einer heißen Pfanne 5 Minuten auf kleiner Flamme trocken rösten. Abkühlen lassen.

≫ Eine Kastenform (ca. 25 x 20 cm) mit Butter einfetten und mit Mehl bestäuben.

≫ Den Backofen auf 160 °C vorheizen.

≫ Die Eier und den Zucker 5 Minuten mit dem Schneebesen schaumig schlagen.

≫ Die Schokolade mit einem Messer zerkleinern. Im Wasserbad oder in der Mikrowelle schmelzen.

≫ Die Butter in die geschmolzene Schokolade einrühren. Die Mischung über den Eierschaum gießen und behutsam einarbeiten. Das Mehl hinzufügen und verrühren. Die gerösteten Mandeln beimischen.

≫ Den Teig in die Form geben. In den Ofen stellen und 30 Minuten backen. Abkühlen lassen.

≫ Den Brownie in Stücke schneiden. Pur oder mit einer Kugel Vanilleeis und etwas Crème anglaise (siehe Rezept auf S. 18) genießen.

Statt der Mandeln können Sie auch Pekan- oder Haselnüsse verwenden.

KUCHEN FÜR FESTE!

BAISERTORTE MIT PASSIONSFRUCHT UND WALDBEEREN

ZUBEREITUNGSZEIT: 40 Min.
BACKZEIT: 1 Std.
GEFRIERZEIT: 6 Std.

ZUTATEN

Für 6 Personen
- 1,5 l Sorbet aus Passionsfrüchten
- 1 Vanilleschote
- 300 ml sehr kalte Sahne
- 100 g Puderzucker
- 200 g Himbeeren
- 100 g Brombeeren
- 60 g Blaubeeren
- 40 g Johannisbeeren

Für die Baisermasse:
- 2 Eiweiß
- 1 Prise Salz
- 55 g Zucker
- 55 g Puderzucker

〉 Den Backofen auf 110 °C vorheizen.

〉 Für die Baisermasse die Eiweiß zu festem Eischnee schlagen und das Salz hinzufügen. Mit dem Zucker bestreuen und 2 Minuten weiterrühren. Den Puderzucker hinzufügen und weitere 5 Minuten rühren, bis die Baisermasse glänzt.

〉 Mithilfe eines Spritzbeutels mit großer Tülle auf einem mit Back- oder Silikonpapier ausgelegten Backblech eine Scheibe aus Baisermasse formen, die der Größe der Backform (oder des Backrings) entspricht. 1 Stunde in den Ofen stellen. Abkühlen lassen.

〉 Das Sorbet 15 Minuten vor dem Zusammenstellen der Torte aus dem Gefrierfach nehmen. Den Boden der Form (oder des Rings) mit der gebackenen Baisermasse auslegen, dann das Sorbet einfüllen und mit einem Löffel festdrücken. Die Torte 6 Stunden ins Gefrierfach stellen.

〉 Die Vanilleschote halbieren und das Mark mit einem Messer herauskratzen.

〉 Die Sahne zusammen mit dem Vanillemark und 80 g Puderzucker steif schlagen.

〉 Die Torte 45 Minuten vor dem Servieren aus dem Gefrierfach nehmen. Mittels eines Spritzbeutels mit Sterntülle mit der Vanillesahne garnieren. Die gemischten Beeren in die Sahne hineindrücken. Bis zum Servieren nochmals ins Gefrierfach stellen.

〉 Die Baisertorte mit Puderzucker bestäuben und sofort verzehren.

BÛCHE MARQUISE MIT SCHOKOLADE

ZUBEREITUNGSZEIT: 20 Min.
KÜHLZEIT: 6 Std.
BACKZEIT: 8 Min.

ZUTATEN

Für 6 Personen

- 200 g dunkle Schokolade
- 250 g Butter
- 4 Eier
- 60 g Zucker
- 1 Prise Salz
- 120 g Erdnüsse mit
  Schokoladenglasur
  (im Feinkostgeschäft erhältlich)

≫ Eine 20–25 cm lange Kastenform mit Backpapier oder Frischhaltefolie auslegen.

≫ Die Schokolade mit einem Messer grob zerkleinern. In eine Schüssel geben und die Butter in kleinen Stücken hinzufügen. Die Mischung im Wasserbad schmelzen, dann mit dem Schneebesen behutsam glatt rühren.

≫ Die Eier trennen. Die Eigelbe zusammen mit dem Zucker in einer Schüssel schaumig schlagen, dann zu der Schokoladen-Butter-Mischung geben.

≫ Die Eiweiß zu festem Eischnee schlagen und das Salz einstreuen. Dann den Eischnee mit einem Spatel in die Schokoladenmasse einarbeiten.

≫ Die Masse in die Form füllen. Mindestens 6 Stunden in den Kühlschrank stellen.

≫ Unmittelbar vor dem Servieren die Form kurz durch heißes Wasser ziehen. Dann den Kuchen vorsichtig aus der Form nehmen.

≫ Die Erdnüsse mit Schokoladenglasur zerkleinern, auf dem Kuchen verteilen und leicht eindrücken, damit sie halten. Das Ganze mit einer frischen Orangen-Coulis servieren (siehe Rezept auf S. 115).

KROKANT-PYRAMIDE

ZUBEREITUNGSZEIT: 1 Std. 15 Min.
BACKZEIT: 45 Min.

ZUTATEN

Für 6 Personen

Für den Brandteig:
- 80 ml Milch
- 150 ml Wasser
- 2 TL Zucker
- 1 Prise Salz
- 110 g Butter
- 135 g Mehl
- 4 große oder 5 kleine Eier

Für die Konditorcreme:
- 1 Vanilleschote
- 600 ml Milch
- 2 Eier + 2 Eigelb
- 45 g Speisestärke
- 200 ml flüssige Crème fraîche
- 105 g Zucker

**Für den Krokant und
den Karamell:**
- 300 g Zucker
- 20 g Butter
- 120 g gemahlene Haselnüsse

》 Den Backofen auf 180 °C vorheizen. Den Brandteig anrühren (siehe Rezept auf S. 9). Auf einem mit Back- oder Silikonpapier ausgelegten Backblech mittels eines Spritzbeutels mit kleiner Lochtülle Teigplätzchen von der Größe einer Walnuss formen. 25 Minuten im Ofen backen.

》 In der Zwischenzeit die Konditorcreme zubereiten (siehe Rezept auf S. 12). In den Kühlschrank stellen.

》 Für den Krokant 150 g Zucker mit 100 ml Wasser in einem Topf erhitzen, bis sich ein bräunlicher Karamell bildet. Den Topf vom Herd nehmen und die Butter (in kleinen Stücken) sowie die gemahlenen Nüsse hinzufügen. Alles gut vermischen und weitere 3–4 Minuten bei mittlerer Hitze köcheln lassen. Dabei ständig mit einem Spatel umrühren. Die Krokantmasse auf einem Stück Back- oder Silikonpapier 3 Minuten abkühlen lassen. Mit einem zweiten Stück Papier abdecken. Die Masse mit einem Nudelholz auf 2–3 mm Dicke ausrollen. Ganz auskühlen lassen und dann in kleine Stücke brechen.

》 Mit einem Messer in die Unterseite der Plätzchen schneiden und diese mittels eines Spritzbeutels mit der Konditorcreme füllen.

》 Den restlichen Zucker mit 100 ml Wasser in einem Topf erhitzen, bis ein hellbrauner Karamell entsteht. Den Topfboden in kaltes Wasser eintauchen, um den Kochvorgang zu beenden.

》 Die Oberseiten der Plätzchen vorsichtig in den Karamell eintauchen. Dann nach und nach die Pyramide errichten. Dabei die Plätzchen mit ein wenig Karamell zusammenkleben.

》 Einige Krokantstücke zwischen die Plätzchen stecken. Die Pyramide an einen kühlen Ort stellen, aber nicht in den Kühlschrank. Am besten genießt man sie natürlich gleich!

GALETTE MIT KANDIERTEN ÄPFELN

ZUBEREITUNGSZEIT: **45 Min.**
KÜHLZEIT: **30 Min.**
BACKZEIT: **50 Min.**

ZUTATEN

Für 6 Personen
- 3 Äpfel (Golden Delicious)
- 120 g Butter
- 130 g Zucker
- 80 g gemahlene Mandeln
- 1 Ei + 1 Eigelb zum Bepinseln
- 100 g Konditorcreme
  (siehe Rezept auf S. 12)
- 500 g Blätterteig

❯ Die Äpfel schälen und in kleine Würfel schneiden. 40 g Butter in einer Pfanne schmelzen, die Äpfel darin 5 Minuten bei mittlerer Hitze schmoren lassen. Mit 50 g Zucker bestreuen und umrühren. Die Äpfel unter ständigem Rühren 20 Minuten auf kleiner Flamme kandieren.

❯ Die restliche Butter und den restlichen Zucker in einer Schüssel vermischen. Die gemahlenen Mandeln und das Ei hinzufügen. Dann die Konditorcreme einarbeiten.

❯ 250 g Blätterteig zu einem großen Rechteck ausrollen und auf ein mit Back- oder Silikonpapier ausgelegtes Backblech legen. Die Teigränder mit Eigelb bepinseln.

❯ Die Mandelcreme auf dem Teig verteilen, dabei die Ränder (ca. 1 cm breit) auslassen. Die kandierten Apfelstücke obenauf legen.

❯ Die andere Hälfte des Teiges zu einem gleich großen Rechteck ausrollen und die Teigfüllung damit abdecken. Die Ränder der beiden Teighälften verkleben, die Oberfläche mit einem Messer in Gitterform einritzen und mit Eigelb einpinseln. 30 Minuten in den Kühlschrank stellen.

❯ Den Backofen auf 180 °C vorheizen. Die Galette 40 Minuten backen. Abkühlen lassen, in Stücke schneiden und genießen.

HIMBEERTORTE MIT ROSENWASSER

ZUBEREITUNGSZEIT: **50 Min.**
BACKZEIT: **25 Min.**
KÜHLZEIT: **6 Std.**

ZUTATEN

Für 6 Personen

Für den Biskuitteig:
- 10 g Butter für die Form
- 85 g Mehl + 10 g für die Form
- 3 Eier
- 1 Prise Salz
- 160 g Zucker

Für die Creme und die Garnierung:
- 450 ml Milch
- 2 Eier + 1 Eigelb
- 80 g Zucker
- 45 g Speisestärke
- 100 g Butter
- 50 ml Rosenwasser
- 400 g frische Himbeeren
- 200 g Marzipanrohmasse

Für den Sirup:
- 50 ml Rosenwasser
- 75 g Zucker

> Den Backofen auf 180 °C vorheizen. Für den Biskuitteig eine Springform oder einen Backring von etwa 25 cm Durchmesser mit Butter einfetten und mit Mehl bestäuben.

> Die Eier trennen. Die Eiweiße zu festem Eischnee schlagen und das Salz einstreuen. Den Zucker hinzugeben und den Eischnee 2 Minuten mit dem Mixer verquirlen. Den Mixer auf die kleinste Stufe stellen, die Eigelbe und das Mehl in die Schüssel geben und eine weitere Minute rühren. Zum Schluss mit einem Spatel weiterrühren. Den Teig in die Form (oder den Ring) füllen.

> Den Teig 20 Minuten backen. Abkühlen lassen.

> Für die Creme die Milch in einem Topf erhitzen. Die Eier und das Eigelb in einer Schüssel mit dem Zucker verrühren. Die Speisestärke einrühren, dann die kochend heiße Milch einfüllen. Das Ganze zurück in den Topf geben und unter ständigem Rühren 3 Minuten kochen lassen. Die Butter in kleinen Stücken sowie das Rosenwasser hinzufügen. Stark rühren, damit die Creme glatt wird. Kalt stellen.

> Den Zucker für den Sirup zusammen mit dem Rosenwasser und 100 ml Wasser in einem Topf zum Kochen bringen. Abkühlen lassen.

> Den Biskuitboden horizontal halbieren. Mithilfe eines Pinsels beide Hälften mit Rosensirup durchtränken. Die eine Hälfte in eine Springform oder einen Backring von etwa 25 cm Durchmesser legen. Mit zwei Dritteln der Rosencreme bedecken, dann die Himbeeren darüber verteilen. Die restliche Creme über die Himbeeren geben und das Ganze mit der zweiten Hälfte des Biskuits abdecken, fest andrücken.

> Das Marzipan auf der Arbeitsplatte ausrollen. Einen Kreis von der Größe der Form ausschneiden und auf die Torte legen. Die Torte für 6 Stunden in den Kühlschrank stellen.

NOUGAT GLACÉ MIT PISTAZIEN

ZUBEREITUNGSZEIT: 45 Min.
GEFRIERZEIT: 12 Std.
BACKZEIT: 15 Min.

ZUTATEN

Für 6 Personen

- 40 g kandierte Engelwurz (Angélique confite)
- 30 g kandierte Zitronen- und Orangenschale
- 40 g kandierte Knorpelkirsche
- 30 ml Cointreau, Grand Marnier oder ähnlicher Likör
- 140 g ungesalzene, zerkleinerte grüne Pistazien
- 180 g Zucker
- 350 ml sehr kalte Sahne
- 4 Eiweiß
- 1 Prise Salz
- 120 g flüssiger Honig

》 Die kandierten Früchte und Kräuter in kleine Stücke schneiden. Zusammen mit dem Alkohol in eine Schüssel geben und einweichen.

》 Unterdessen für das Nougat die Pistazien und 75 g Zucker in einen Topf geben. 50 ml Wasser hinzufügen und das Ganze bei mittlerer Hitze köcheln lassen, bis der Zucker karamellisiert, sodass ein Krokant entsteht. Diesen auf ein Stück Back- oder Silikonpapier geben und abkühlen lassen. Den erstarrten Krokant in Stücke brechen und mit einem Nudelholz zermahlen oder mit einem Hackmesser grob zerkleinern.

》 Die Sahne steif schlagen und in den Kühlschrank stellen.

》 Den restlichen Zucker in einem Topf mit 50 ml Wasser bei 120 °C aufkochen. Der entstehende Sirup soll dickflüssig, aber farblos sein.

》 Die Eiweiß zu festem Eischnee schlagen und mit dem Salz bestreuen. Den lauwarmen Zuckersirup darübergießen und weiterrühren, bis die Mischung vollständig erstarrt ist.

》 Den Krokant, die eingelegten kandierten Früchte und Kräuter sowie den leicht erwärmten Honig unterrühren. Dann die Sahne hinzufügen und das Ganze gut vermischen.

》 Die Mischung in eine Terrine oder in einzelne Gefäße geben und für 12 Stunden ins Gefrierfach stellen. 10 Minuten vor dem Verzehr herausnehmen. Mit einer Coulis aus roten Früchten servieren (siehe Rezept auf S. 18).

SCHOKOLADENTORTE

ZUBEREITUNGSZEIT: 1 Std.
BACKZEIT: 30 Min.
KÜHLZEIT: 2 Std.

ZUTATEN

Für 6–8 Personen

Für den Biskuitteig und die Füllung:

- 20 g Butter für die Formen
- 80 g Mehl + 20 g für die Formen
- 4 Eier
- 30 g Speisestärke
- 20 g Kakaopulver
- 1 Prise Salz
- 140 g Zucker
- 80 g gemahlene Mandeln
- 250 g Aprikosenmarmelade

Für die Glasur und die Garnierung:

- 300 g gehackte Zartbitterschokolade
- 160 g Zucker
- 1 TL Zitronensaft
- 200 ml Wasser
- silberne Schokoladenkügelchen o. Ä.

» Den Backofen auf 180 °C vorheizen.

» Für den Biskuitteig eine kleinere Springform sowie eine mittelgroße und eine kleine runde Auflaufform mit Butter einfetten und mit Mehl bestäuben. Die Eier trennen. Mehl, Speisestärke und Kakao in eine Schüssel sieben.

» Die Eiweiß zu festem Eischnee schlagen und das Salz einstreuen. Den Zucker zum Eischnee geben und 2 Minuten auf mittlerer Stufe mit dem Mixer verquirlen. Den Mixer auf eine kleinere Stufe stellen und die Eigelbe in die Schüssel geben, dabei weiterrühren. Zum Schluss die Mehl-Kakao-Mischung sowie die gemahlenen Mandeln hinzufügen.

» Den entstandenen Teig auf die 3 Formen verteilen und 30 Minuten backen. Auf einem Rost aus den Formen nehmen und abkühlen lassen.

» Für die Glasur die gehackte Schokolade in eine Schüssel geben. Das Wasser zusammen mit dem Zucker und dem Zitronensaft 3 Minuten in einem Topf erhitzen. Über die Schokolade gießen und mit einem Schneebesen glätten. Abkühlen lassen.

» Die 3 Biskuitböden horizontal halbieren und mit Marmelade bestreichen. Die jeweiligen Hälften und dann die 3 Biskuitböden übereinanderlegen und den so entstandenen Kuchen auf einen Rost über einem Backblech stellen. Den Schokoladenguss über den Kuchen gießen, bis er ihn vollständig bedeckt. Den Guss einige Minuten abtropfen lassen, dann den Kuchen vorsichtig auf einen Teller stellen. Für 2 Stunden in den Kühlschrank stellen.

» Mit den Schokoladenkugeln garnieren und genießen.

Bûche mit Agrumes mit weisser Schokolade

ZUBEREITUNGSZEIT: 45 Min.
KOCHZEIT: 2 Min.
KÜHLZEIT: 6 Std.

ZUTATEN

Für 6 Personen

- 1 unbehandelte Grapefruit
- 2 unbehandelte Orangen
- 3 g Agar-Agar oder
  2 große Blätter Gelatine
- 100 g weiße Schokolade,
  mit dem Messer zerkleinert
  + 100 g für die Garnierung
- 150 ml Crème anglaise
  (siehe Rezept auf S. 18)
- 200 ml sehr kalte Sahne
- 10 Biscuits roses de Reims

» Die Früchte waschen und die Schalen abreiben. Die Früchte auspressen, sodass 150 ml Grapefruit- und 80–100 ml Orangensaft dabei herauskommen.

» Den Fruchtsaft in einen Topf geben. Das Agar-Agar hinzufügen und das Ganze zum Kochen bringen. (Falls Gelatine verwendet wird, diese vorzugsweise in einem Topf mit kaltem Wasser einweichen und dann trocknen lassen.) 1–2 Minuten unter ständigem Rühren kochen lassen.

» Den Topf vom Herd nehmen und die abgeriebenen Schalen sowie die gehackte Schokolade hineingeben. Behutsam umrühren, bis die Schokolade geschmolzen ist. Dann die Crème anglaise einfüllen. Das Ganze abkühlen lassen.

» Die Sahne steif schlagen, dann in die kalte Fruchtcreme einrühren.

» Die Mischung in eine Kastenform oder eine große Terrine geben. Die Biskuits obenauf legen und leicht in die Creme eindrücken. Mindestens 6 Stunden in den Kühlschrank stellen.

» Kurz vor dem Servieren die Form kurz durch heißes Wasser ziehen und den Kuchen vorsichtig aus der Form nehmen. Mit einem Sparschäler die weiße Schokolade in kurze Späne schneiden und auf dem Kuchen verteilen. Sofort verzehren, dazu eine Orangen-Coulis reichen.

TIPP

Um eine Orangen-Coulis herzustellen, 300 ml Orangensaft mit 70 g Zucker in einem Topf vermischen und 2 Minuten aufkochen. 1 TL in Wasser aufgelöste Speisestärke hinzufügen. Einrühren und 30 Sekunden erhitzen. Durch ein Sieb streichen und abkühlen lassen.

TARTES!

GROSSE MANDEL-TARTE MIT KIRSCHEN

ZUBEREITUNGSZEIT: 30 Min.
KÜHLZEIT: 1 Std.
BACKZEIT: 45 Min.

ZUTATEN

Für 6 Personen

- 500–600 g Sandteig
  (siehe Rezept auf S. 9)
- 125 weiche Butter
  + 20 g für die Form
- 500 –600 g Kirschen
- 50 ml Kirschlikör (optional)
- 125 g Zucker
- 125 g gemahlene Mandeln
- 1 Ei
- 1 EL Puderzucker

〉 Den Sandteig 4–5 mm dick ausrollen. Eine große Tarte-Form mit Butter einfetten und den Teig hineinlegen. Mehrfach mit einer Gabel einstechen. 1 Stunde in den Kühlschrank stellen.

〉 Die Kirschen waschen und vorsichtig entsteinen. In eine Schüssel geben. Mit Likör übergießen, vermischen und 15 Minuten an einem kühlen Ort ziehen lassen.

〉 Den Backofen auf 180 °C vorheizen.

〉 Die Butter und den Zucker in einer Schüssel vermischen. Die gemahlenen Mandeln und das Ei hinzufügen. Alles gut verrühren, sodass eine sämige Creme entsteht.

〉 Die Creme auf dem Teig verteilen, dann die Kirschen obenauf legen und leicht in den Teig drücken. In den Ofen stellen und 40–45 Minuten backen. Abkühlen lassen.

〉 Die Tarte mit Puderzucker bestreuen und sofort genießen.

Sie können auch 1 grossen EL Kirschmarmelade in die Mandelcreme einrühren, beVor Sie diese auf dem Teig Verteilen.

SCHOKOLADEN-TARTE MIT GEBRANNTEN MANDELN

ZUBEREITUNGSZEIT: 30 Min.
KÜHLZEIT: 1 Std.
BACKZEIT: 20 Min.
RUHEZEIT: 20 Min.

ZUTATEN

Für 6 Personen

- 500 g Sandteig
  (siehe Rezept auf S. 9)
- 20—40 g Butter für die Form
- 400 g Zartbitterschokolade
- 350 ml Sahne
- 2 Eier
- 150 ml Milch
- 120 g gebrannte Mandeln

》 Den Sandteig 4—5 mm dick ausrollen. Eine Tarte-Form (oder 6 Tartelette-Förmchen) mit Butter einfetten und den Teig hineinlegen. Mehrfach mit einer Gabel einstechen. 1 Stunde in den Kühlschrank stellen.

》 Den Backofen auf 200 °C vorheizen.

》 Die Schokolade mit einem Messer zerkleinern und in eine Schüssel geben.

》 Die Sahne in einem Topf zum Kochen bringen und über die Schokolade gießen. 5 Minuten ohne umzurühren abkühlen lassen, dann mit dem Schneebesen glätten, sodass eine glänzende Mischung entsteht.

》 Die Eier in einer Schüssel mit der Milch verrühren und über die Schokolade geben. Behutsam einrühren.

》 Den Teig ohne Belag in den Ofen geben und 15—20 Minuten backen. Aus dem Ofen nehmen und abkühlen lassen. Den Ofen nicht ausschalten.

》 Die gebrannten Mandeln grob zerkleinern. Die Schokoladenmischung über die Tarte geben, dann die Mandelstückchen darauf verteilen. Die Tarte vorsichtig in den Ofen stellen und den Ofen nun ausschalten. Den Schokoladenguss bei geschlossener Ofentür 20 Minuten fest werden lassen.

》 Die Tarte aus dem Ofen nehmen und bei Zimmertemperatur abkühlen lassen.

Limetten-Tartelettes mit Rosenbaisers

ZUBEREITUNGSZEIT: 45 Min.
KÜHLZEIT: 1 Std.
BACKZEIT: 50 Min.

ZUTATEN

Für 6 Personen

- 75 g Butter
  + 40 g für die Förmchen
- 150 g Zucker
- 120 ml Sahne
- 3 Eier + 3 Eigelb
- 50 ml frisch gepresster
  Orangensaft
- Saft und abgeriebene Schale
  von 4 unbehandelten Limetten
- 500 g Sandteig
  (siehe Rezept auf S. 9)

Für die Baisermasse:

- 2 Eiweiß
- 1 Prise Salz
- 100 g Zucker
- 2 EL Rosenwasser
- 2 oder 3 Tropfen
  Lebensmittelfarbe (rot)

》 Die Butter in kleine Stücke schneiden und in einen Topf geben. Zucker, Sahne, Eier, Eigelbe, Orangensaft, Limettensaft und -schale hinzufügen. Unter ständigem Rühren etwa 10 Minuten auf kleiner Flamme erhitzen, bis die Mischung leicht eindickt (auf keinen Fall zum Kochen bringen). Die entstandene Limettencreme in eine Schüssel füllen, mit Frischhaltefolie abdecken und abkühlen lassen.

》 Den Sandteig 4–5 mm dick ausrollen. 6 Tartelette-Förmchen (oder eine große Tarte-Form) mit Butter einfetten und den Teig hineinlegen. Mehrfach mit einer Gabel einstechen. 1 Stunde in den Kühlschrank stellen.

》 Den Backofen auf 180 °C vorheizen.

》 Den Tartelette-Teig ohne Belag im Ofen 15–20 Minuten backen. Aus dem Ofen nehmen und abkühlen lassen. Den Ofen auf 120 °C einstellen.

》 Die Limettencreme auf den Tartelettes verteilen und die Oberflächen glätten. Für weitere 15–20 Minuten in den Ofen stellen. Abkühlen lassen.

》 Für die Baisermasse die Eiweiß zu festem Eischnee schlagen und das Salz hinzufügen. Mit dem Zucker bestreuen und 5 Minuten auf höchster Stufe weiterrühren, damit das Eiweiß richtig fest wird. Das Rosenwasser und die Lebensmittelfarbe einrühren.

》 Die Tartelettes mithilfe eines Spritzbeutels mit der Baisermasse garnieren. Die Oberseiten der Tartelettes ein wenig mit einem Küchenbrenner bräunen oder für 10 Sekunden unter den Ofengrill stellen. Sofort genießen.

RIEMCHEN-TARTE MIT HASELNÜSSEN UND FEIGEN

ZUBEREITUNGSZEIT: 45 Min.
KÜHLZEIT: 1 Std.
BACKZEIT: 40 Min.

ZUTATEN

Für 6 Personen
- 80 g weiche Butter
  + 20 g für die Form
- 80 g Zucker
- 80 g gemahlene Haselnüsse
- 1 Ei
- 600 g Sandteig
  (siehe Rezept auf S. 9)
- 250 g Feigenmarmelade

》 Die Butter und den Zucker in einer Schüssel vermischen. Die gemahlenen Haselnüsse und das Ei hinzufügen. Alles gut verrühren und beiseitestellen.

》 450 g Sandteig 3—4 mm dick ausrollen.

》 Eine Tarte-Form mit Butter einfetten und den Teig hineinlegen. Mehrfach mit einer Gabel einstechen. Für 1 Stunde in den Kühlschrank stellen.

》 Den Backofen auf 180 °C vorheizen.

》 Die Nussmischung auf dem Teig verteilen, dann gleichmäßig mit der Marmelade überziehen.

》 Den restlichen Teig 3—4 mm dick ausrollen und in 1,5 cm breite Riemchen schneiden. Die Riemchen im Karomuster über die Marmelade legen, bis zum Rand der Form. Die Enden mit dem Teig verkleben.

》 Die Tarte in den Ofen stellen und 40—45 Minuten backen. Vor dem Verzehr abkühlen lassen.

> Das Muster auf dem Kuchen lässt sich einfacher legen, wenn man die Teigriemchen vorher 10 Minuten ins Gefrierfach legt.

Köstliche Erdbeer-Tarte

ZUBEREITUNGSZEIT: 40 Min.
RUHEZEIT: 2 Std.
BACKZEIT: 12 Min.

ZUTATEN

Für 6 Personen
- 125 g weiche Butter
  + 20 g für die Form
- 125 g Zucker
- 1 Prise Salz
- 1 Eiweiß
- 125 g Mehl
- 3 g Backpulver
- 500 g Erdbeeren
- 2 EL Aprikosenmarmelade
- 250 g Konditorcreme mit leichtem Vanillearoma (siehe Rezept auf S. 12)

› Die Butter in einer Küchenmaschine mit Knethaken mit dem Zucker und dem Salz vermischen. Das Eiweiß, das Mehl und das Backpulver hinzufügen. Auf mittlerer Stufe weitere 2 Minuten verkneten. Den entstandenen Teig auf einen Teller geben und 1 Stunde in den Kühlschrank stellen.

› Den Backofen auf 200 °C vorheizen.

› Einen Backring von etwa 25 cm Durchmesser mit Butter einfetten und auf ein mit Backpapier ausgelegtes Backblech legen.

› Den Teig innerhalb des Ringes 7–8 mm dick auslegen. Die Oberfläche mit dem Rücken eines feuchten Löffels glätten. In den Ofen stellen und 10–12 Minuten backen.

› Den Teig aus dem Ofen nehmen und 1 Stunde ruhen lassen. Mit einem Messer vorsichtig vom Ring lösen und den Ring entfernen.

› Die Erdbeeren waschen und entstielen.

› Die Marmelade mit 50 ml Wasser in einem Topf erhitzen. Mit dem Schneebesen glatt rühren.

› Die Tarte mit Konditorcreme bedecken. Die Erdbeeren gleichmäßig darauf verteilen, danach mit einem Pinsel mit der Marmelade bestreichen. Bis zum Servieren kalt stellen.

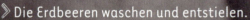

KARAMELL-KROKANT-TARTE

ZUBEREITUNGSZEIT: **45 Min.**
KÜHLZEIT: **2 Std.**
BACKZEIT: **1 Std.**
RUHEZEIT: **1 Std.**

ZUTATEN

Für 6 Personen
- 500 g Sandteig
  (siehe Rezept auf S. 9)
- 20 g Butter für die Form

Für den Karamellbelag:
- 150 g Zucker
- 250 ml Sahne
- 50 ml Milch
- 1 Ei + 3 Eigelb

Für den Krokant:
- 90 g Zucker
- 60 g Mandelspäne

》 Den Sandteig 4–5 mm dick ausrollen. Eine Tarte-Form mit Butter einfetten und den Teig hineinlegen. Den Boden der Tarte mehrfach mit einer Gabel einstechen. Für 1 Stunde in den Kühlschrank stellen.

》 In der Zwischenzeit den Krokant zubereiten: Den Zucker mit 50 ml Wasser in einem Topf erhitzen, bis sich ein bräunlicher Karamell bildet. Den Topf vom Herd nehmen und die Mandelspäne hinzufügen. Mit einem Spatel einrühren. Weitere 3–4 Minuten bei mittlerer Hitze köcheln lassen, dabei ständig umrühren. Die Krokantmasse auf ein Stück Back- oder Silikonpapier legen und 3 Minuten abkühlen lassen. Mit einem zweiten Stück Papier abdecken. Die Masse mit einem Nudelholz auf 3–4 mm Dicke ausrollen. Ganz auskühlen lassen.

》 Den Backofen auf 180 °C vorheizen.

》 Für den Karamellbelag den Zucker mit 50 ml Wasser in einem Topf erhitzen, bis sich ein bräunlicher Karamell bildet. Den Topf vom Herd nehmen, vorsichtig Sahne und Milch einfüllen. Das Ganze zurück auf den Herd stellen und den Karamell behutsam glatt rühren. Abkühlen lassen. Dann das Ei und die Eigelbe hinzufügen und gut einrühren.

》 Den Boden der Tarte ohne Belag in den Ofen schieben und 15–20 Minuten backen. Aus dem Ofen nehmen und abkühlen lassen. Den Herd auf 100 °C einstellen.

》 Den Karamellbelag auf dem Boden der Tarte verteilen und die Tarte 35–40 Minuten backen. Am Ende der Backzeit soll der Belag fest sein. Die Tarte abkühlen lassen und für 1 Stunde in den Kühlschrank stellen.

》 Den Krokant in kleine Stücke brechen und vor dem Verzehr auf der Tarte verteilen.

Tartelettes mit Crème Brûlée und Himbeeren

ZUBEREITUNGSZEIT: **30 Min.**
BACKZEIT: **50 Min.**
KÜHLZEIT: **1 Std.**
RUHEZEIT: **1 Std.**

ZUTATEN

Für 6 Personen
- 500 g Sandteig
  (siehe Rezept auf S. 9)
- 40 g Butter für die Förmchen
- 80 g flüssiger Honig
- 4 Eigelb
- 250 ml Sahne
- 400 g frische Himbeeren
- 100 g Rohrzucker

》 Den Sandteig 4–5 mm dick ausrollen. Den Teig in 6 eingefettete Tartelette-Förmchen legen. Die Böden der Tartelettes mehrfach mit einer Gabel einstechen. Die Förmchen für 1 Stunde in den Kühlschrank stellen.

》 Den Backofen auf 180 °C vorheizen.

》 Den Boden der Tartelettes ohne Belag in den Ofen schieben und 15–20 Minuten backen.

》 Aus dem Ofen nehmen und abkühlen lassen. Den Herd auf 100 °C einstellen.

》 Den Honig in einem Topf lauwarm werden lassen. Die Eigelbe und die Sahne in einer Schüssel vermischen. Den lauwarmen Honig hinzufügen und das Ganze verrühren.

》 Die Tartelette-Böden vorsichtig aus den Förmchen nehmen und auf ein Backblech legen. Die Himbeeren auf den Tartelettes verteilen, dann die Ei-Sahne-Mischung vorsichtig darübergeben.

》 Die Tartelettes 35–40 Minuten backen. Am Ende der Backzeit soll die Füllung fest sein. 1 Stunde bei Zimmertemperatur abkühlen lassen.

》 Vor dem Servieren die Oberseite der Tartelettes mit Rohrzucker bestreuen und diesen mit einem kleinen Küchenbrenner karamellisieren.

ZART SCHMELZENDE TARTE TATIN

ZUBEREITUNGSZEIT: 30 Min.
BACKZEIT: 2 Std.
KÜHLZEIT: 3 Std.

ZUTATEN

Für 6 Personen

- 130 g Butter
- 200 g Zucker
- 1,2 kg Äpfel (Golden Delicious)
- 250 g frischer oder tiefgefrorener Blätterteig

≫ Den Backofen auf 160 °C vorheizen.

≫ Die Butter (in kleinen Würfeln) zusammen mit dem Zucker langsam in einem Topf erhitzen, dabei mit einem Spatel umrühren. Wenn die Butter geschmolzen ist, das Ganze 10–15 Minuten unter ständigem Rühren auf mittlerer Hitze köcheln lassen, bis sich ein bräunlicher Karamell bildet. Den Karamell in eine Backform von 22 cm Durchmesser geben und abkühlen lassen.

≫ Die Äpfel schälen und vierteln, das Kerngehäuse entfernen. Die Apfelstücke mit den gewölbten Seiten nach unten in den Karamell eindrücken. In den Ofen schieben und etwa 1 Stunde und 20 Minuten backen, bis die Äpfel kandiert sind.

≫ Die Form aus dem Ofen nehmen und abkühlen lassen. Den Herd auf 180 °C einstellen.

≫ Auf der Arbeitsplatte den Blätterteig 5–7 mm dick ausrollen. Den Teig dann auf die Äpfel legen, dabei darauf achten, dass sich auch die Teigränder innerhalb der Form befinden. Die Tarte weitere 25–30 Minuten backen. Abkühlen lassen und für 3 Stunden in den Kühlschrank stellen. Dabei die Tarte mit einem Teller abdecken, um die Äpfel festzudrücken.

≫ Die Form für 10 Sekunden auf eine heiße Herdplatte stellen, dann die Tarte aus der Form nehmen und vorsichtig auf eine feuerfeste Servierplatte geben.

≫ Unmittelbar vor dem Servieren die Tarte einige Minuten im Ofen erhitzen. Zur Tarte ein wenig Crème fraîche oder Crème anglaise reichen (siehe Rezept auf S. 18).

ELSÄSSISCHE KIRSCH-TARTE

ZUBEREITUNGSZEIT: **30 Min.**
KÜHLZEIT: **1 Std.**
BACKZEIT: **45 Min.**

ZUTATEN

Für 6 Personen

- 500 g Sandteig
  (siehe Rezept auf S. 9)
- 20 g Butter für die Form
- 2 Eier + 1 Eigelb
- 100 g Zucker
- 100 ml Sahne
- 200 ml Vollmilch
- 1 EL Kirschwasser
- 500 g dicke dunkle Kirschen

〉 Den Sandteig 4–5 mm dick ausrollen. Eine Tarte-Form mit Butter einfetten und den Teig hineinlegen. Den Boden der Tarte mehrfach leicht mit einer Gabel einstechen. Für 1 Stunde in den Kühlschrank stellen.

〉 Den Backofen auf 180 °C vorheizen.

〉 Die Eier und das Eigelb mit dem Zucker in einer Schüssel vermischen. Sahne, Milch und Kirschwasser hinzufügen. Das Ganze gut verrühren.

〉 Die Kirschen entstielen, entsteinen und waschen. Auf dem Boden der Tarte verteilen.

〉 Die Eier-Zucker-Mischung vorsichtig über die Kirschen geben. Die Tarte in den Ofen stellen und 40–45 Minuten backen. Vor dem Verzehr abkühlen lassen.

RHABARBER-CRUMBLE-TARTE

ZUBEREITUNGSZEIT: **30 Min.**
BACKZEIT: **45 Min.**

ZUTATEN

Für 6 Personen

- 500 g Sandteig
  (siehe Rezept auf S. 9)
- 80 g weiche Butter
  + 20 g für die Form
- 750 g frischer Rhabarber
- 170 g Rohrzucker
- 100 g Mehl
- 100 g gemahlene Mandeln

≫ Den Sandteig 4–5 mm dick ausrollen. Eine Tarte-Form mit Butter einfetten und den Teig hineinlegen. Den Boden der Tarte mehrfach leicht mit einer Gabel einstechen. Während der weiteren Vorbereitungszeit die Form in den Kühlschrank stellen.

≫ Den Backofen auf 180 °C vorheizen.

≫ Den Rhabarber putzen und waschen. In 3 cm lange Stücke schneiden. In einer Schüssel mit 60 g Rohrzucker vermischen.

≫ Die Butter und den restlichen Rohrzucker in einer anderen Schüssel vermischen. Das Mehl hinzufügen und das Ganze mit den Fingerspitzen verkneten, sodass ein sehr krümeliger Teig entsteht.

≫ Die gemahlenen Mandeln auf dem Boden der Tarte verteilen. Die Rhabarberstücke darauf legen, darüber den Crumble-Teig streuen.

≫ Die Tarte 40–45 Minuten backen. Vor dem Verzehr abkühlen lassen.

TIPP

Sie können auch 60 g gemahlene Haselnüsse oder andere Nüsse in den Crumble-Teig geben.

MENGENANGABEN

FLÜSSIGKEITEN

metrisches System	amerikanisches System	andere Schreibweise
5 ml	1 Tee- oder Kaffeelöffel	
15 ml	1 Esslöffel	
35 ml	1/8 Tasse	1 oz (oder ounce)
65 ml	1/4 Tasse	2 oz
125 ml	1/2 Tasse	4 oz
250 ml	1 Tasse	8 oz
500 ml	2 Tassen	
1 litre	4 Tassen	

GEWICHTSEINHEITEN

metrisches System	amerikanisches System	andere Schreibweise
30 g	1/8 oz	
55 g	1/8 lbs	2 oz
115 g	1/4 lbs	4 oz
170 g	3/8 lbs	6 oz
225 g	1/2 lbs	8 oz
454 g	1 Pfund	16 oz

TEMPERATUR

Wärme	° Celsius	Thermostat	° Fahrenheit
Gering	70 °C	Th. 2-3	150 °F
Mittel	100 °C	Th. 3-4	200 °F
	120 °C	Th. 4	250 °F
Heiß	150 °C	Th. 5	300 °F
	180 °C	Th. 6	350 °F
Sehr heiß	200 °C	Th. 6-7	400 °F
	230 °C	Th. 7-8	450 °F
	260 °C	Th. 8-9	500 °F

Es ist immer wieder ein Vergnügen, mit Barbara und Aurélie an dieser Reihe zu arbeiten. Vielen, vielen Dank! Und Pierre-Louis, der beim Fotografieren leider 2 Kilo zugenommen hat, danke ich dieses Mal nicht mehr!

© Mango, Paris – 2013
Originaltitel: *Gâteaux ! Desserts mythiques à partager*
ISBN 978-23-17007-35-4

Verlagsleiterin: Barbara Sabatier
Redakteurin: Aurélie Cazenave
Art Direction: Laurent Quellet und Astrid de Lassée
Reproduktion: A4
Herstellung: Thierry Dubus und Marie Guibert

© der deutschen Ausgabe:
h.f.ullmann publishing GmbH

Übersetzung aus dem Französischen:
Holger Möhlmann für writehouse
Lektorat: Katrin Höller, writehouse, Köln
Satz: InterMedia, Ratingen, für writehouse

Gesamtherstellung:
h.f.ullmann publishing GmbH, Potsdam

Printed in Slovenia, 2016

ISBN 978-3-8480-0949-7

10 9 8 7 6 5 4 3 2 1
X IX VIII VII VI V IV III II I

www.ullmann-publishing.com
newsletter@ullmann-publishing.com
facebook.com/hfullmann
twitter.com/hfullmann

In dieser Serie:

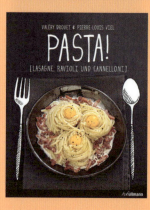